AF742891

LETTRE À TOUS CEUX QUI PERSISTENT
À VOULOIR FAIRE LEUR DROIT

© L'Harmattan, 2017

5-7, rue de l'École-Polytechnique, 75005 Paris

http://www.editions-harmattan.fr

ISBN : 978-2-343-12343-1
EAN : 9782343123431

Thierry Charles

Lettre à tous ceux qui persistent à vouloir faire leur droit

L'Harmattan

Ouvrages du même auteur :

Réforme des délais de paiement et modernisation de l'économie, de l'intention aux actes ? Lignes de Repères, 2009.

Plaidoyer pour la sous-traitance industrielle, L'Harmattan, 2011.

L'Industrie en cale sèche. Matières premières : de la gestion des flux aux rapports de force, L'Harmattan, 2013.

Les nouvelles perspectives de la souveraineté, L'Harmattan, 2015.

Fahrenheit 4.0, L'Harmattan, 2016.

« […] Le respect des lois m'handicape ! J'ai attrapé la gravité… bonne mine avec ma gravité ! »

Louis-Ferdinand Céline

« Pour ceux à qui il est nécessaire de tout dire, je dirai tout inutilement. »

Cesare Beccaria

AVANT-PROPOS

La crise de la Loi

« M. Frédéric Moreau, nouvellement reçu bachelier, s'en retournait à Nogent–sur–Seine, où il devait languir pendant deux mois, avant d'aller faire son droit. », écrit Flaubert dans *L'éducation sentimentale.* Mais est-il toujours judicieux aujourd'hui de *« faire son droit »*, telle est la question qui brûle les lèvres des étudiants du mastère spécialisé *« Juriste Manager International »* de l'EM Lyon devant lesquels j'interviens ce 22 novembre 2016 au nom du *« Cercle Montesquieu ».* La *« République des avocats »* a vécu, elle a fait son temps. Les membres du barreau sont moins nombreux au Parlement que sous la IIIème ou la IVème République. Certes, nous appartenons à ce qu'on appelle l'*intelligentsia*, et à ce que Simenon décrivait hier dans *Lettre à mon juge* comme *« cette bourgeoisie moyenne, plus ou moins cultivée, celle qui fournit le pays de fonctionnaires, de médecins, d'avocats, de magistrats, souvent de députés, de sénateurs et de ministres »*, mais pour combien de temps encore ? Si la discipline reste au cœur des rapports sociaux, la France se singularise par le nombre de lois qu'elle produit, une *« frénésie textuelle »*, voire même une fatalité de l'excès qui rend la formule *« Nul n'est censé ignorer la loi »* totalement inopérante. Trop de droit tue le droit. Selon un rapport du Conseil d'Etat, un million de mots s'ajoutent chaque année à la législation applicable en France. En 2014, Jean Louis Debré, président du Conseil Constitutionnel, déclare qu'aucune loi n'est applicable. Elles ne servent tout au plus qu'au *« jeu électoral »*, voire *à* fournir une base sans cesse renouvelée *« au tam-tam médiatique »*, selon la

philosophe et magistrat à la Cour des comptes Valérie Charolles. Elle ajoute que dans un pays *« qui connaît depuis 150 ans un régime de liberté [à l'exception de Vichy], la loi devrait pourtant être rare »*.[1] Sous la présidence de François Hollande, le Conseil constitutionnel a censuré partiellement ou totalement 25 textes législatifs, sur 47 qui lui ont été soumis. Soit exactement la même proportion que lors de la précédente mandature, où, sur 99 textes soumis au Conseil constitutionnel, 57 ont été rejetés en partie ou en totalité. Le juriste Alain Supiot, professeur au Collège de France, insiste depuis longtemps : *« la vie politique oscille de facto et de jure entre des autorités sans pouvoir en voie de multiplication [commissions en tous genres, autorités de régulation qui ont peu de pouvoir mais font office de conscience morale] et des pouvoirs de moins en moins visibles [internet et traçabilité aidant, mais tout ne s'explique pas uniquement par les nouvelles technologies !] qui n'ont pas besoin de faire autorité. »* [2] Dominique Rousseau, professeur à l'Ecole de Droit de la Sorbonne, s'interroge même sur l'absence de juriste à l'Elysée par l'approche teintée d'amateurisme et d'improvisation observée dans la conduite de l'action politique : *« Si le politique, veut, le droit ne doit-il pas s'incliner ? Le droit ne doit-il pas fournir au politique les moyens d'accomplir sa volonté »*.[3] Il est symptomatique de noter que la révision constitutionnelle du 23 juillet 2008 donne désormais le droit aux justiciables, au cours d'un procès, de contester la constitutionnalité de la loi qui

---

[1] Valérie Charolles, *Parlons d'institutions, Revue Esprit*, n°433 mars-avril 2017.

[2] Olivier Mongin, *Un pouvoir sans autorité ! Revue Esprit* n° 400, décembre 2013.

[3] Dominique Rousseau, *Y a-t-il un juriste à l'Elysée ? Le Midi Libre*, 2 février 2016. *« Car le droit – et en particulier la Constitution – est, disait Benjamin Constant, la garantie de la liberté d'un peuple. »*

leur est appliquée. Avec la question prioritaire de constitutionnalité [QPC], c'est l'individu qui entre dans l'espace constitutionnel où se discutent, s'acquièrent, se forment ses droits et ses libertés. Les attentes sont nombreuses, d'autant que certains pays en Europe cherchent encore à s'affranchir des règles sur le référendum, la séparation des pouvoirs ou les libertés individuelles : « *En Pologne, le gouvernement diminue le pouvoir des juges de faire respecter la constitution ; en Hongrie, le gouvernement remet en cause le droit à une presse libre et indépendante ; au Danemark, le parlement vote une loi qui permet de prendre aux réfugiés leurs biens personnels ; en Autriche, le gouvernement remet en cause le principe de la libre circulation des personnes ; au Royaume-Uni, le premier ministre demande de pouvoir ne pas appliquer les décisions de la Cour européenne des droits de l'homme* ».[4] Petit à petit, le terme *« gouvernance »* s'est substitué à *« politique »,* ce qui consiste pour le philosophe Alain Deneault *« à expulser les références politiques du champ de la conscience pour ne plus conserver que celles de la gestion. [...] En réalité, on cherche à évacuer la politique du champ institutionnel, i.e. à couper court à un régime de délibérations sur les principes, les contraintes et les droits au nom desquels on gouverne ».*[5] Plus grave encore, alors que la majeure partie de ce que nous pouvons savoir au sujet de la moindre entité est régulée par le droit, *« les lois sur la protection de la vie privée, le secret commercial, la fameuse Freedom of Information Act [loi sur la liberté d'information], constituent autant d'entraves à l'investigation. Ces lois écartent toute possibilité d'engager certaines enquêtes, bien avant que celles-ci ne soient envisagées ».*[6] A titre

---

[4] Dominique Rousseau, *op. cit.*

[5] Alain Deneault, *La médiocratie,* Edit. Lux, octobre 2015.

[6] Frank Pasquale, *Black Box Society, Les algorithmes secrets qui contrôlent l'économie et l'information,* Edit. Fyp, 2015.

d'exemple, les lois sur l'information permettent aux firmes pharmaceutiques de dissimuler les dangers d'un nouveau médicament sous couvert de brevet ou de secret commercial, alors qu'elles sont muettes lorsqu'il s'agit de la vie privée des personnes.

Par conséquent, il est légitime que nous nous interrogions : que peut encore le droit ? Et d'ailleurs à qui se fier désormais ? Quand nous évoquons la justice, nous évoquons la vérité et tout le travail des juristes tend à lui donner la parole. Qui pourrait imaginer qu'elle ne soit pas dite ? Le Christ face aux docteurs de la Loi choisit l'amour contre la loi. *« Aime et fais ce que tu veux »,* écrit Saint-Augustin. Il ne s'agit pas pour autant de croire dans la justice divine, car si le mot Dieu signifie un être qui existe en dehors du temps, Borges écrit qu'il n'est pas sûr de croire en lui. Et il ajoute aussitôt : *« Mais s'il signifie ce quelque chose en nous qui est du parti de la justice, alors oui, je crois, en dépit de tous les crimes, que le monde obéit à un dessein moral »,* une conscience qui surveille au-delà de tous les sophismes. Alors toute conduite humaine procède d'une même logique, comme nœud de relation selon des règles. C'est le fameux slogan : tout est politique ! A 24 ans, Karl Marx écrit dans la *Gazette rhénane* : *« Nous revendiquons, pour la foule pauvre et dépouillée politiquement et socialement, le droit coutumier, non pas un droit coutumier qui soit local, mas un droit coutumier qui soit le droit coutumier des pauvres dans tous les pays »*[7]. L'historienne Hélène Merlin nous rappelle de son côté que *« la doctrine absolutiste de la souveraineté forgée lentement par les juristes royaux partir du XIIIème siècle, faisait du roi la lex animata, la loi vivante, c'est-à-dire la seule source des lois, auxquelles lui-même n'était pas soumis. Mais au XIIIème siècle encore il était admis que le roi est tenu à garder et à faire garder*

[7] Karl Marx, *La loi sur les vols de bois*, Edit. des Equateurs, 2013.

les coutumes, car la coutume résulte du consentement général de la majeure partie du peuple. Au XVIIème *siècle au contraire, Cardin Le Bret écrit : [...] il n'y a point de doute que les Rois peuvent user de leur puissance, et changer les lois et ordonnances anciennes de leurs Etats. Ce qui ne s'entend pas seulement des lois générales, mais aussi des lois municipales et des coutumes particulières des provinces : car ils peuvent aussi les changer, quand la nécessité et la justice le désirent. Ainsi, la coutume n'est pas la loi, et en théorie du moins, le roi peut à tout moment la changer, comme il peut à tout moment, grâce à la loi, créer un nouvel état des choses ».*[8] Il en ressort un degré de confusion extrême et au final, un échec. D'où cette interrogation : et si le droit ne servait [plus] à rien ? Nietzsche a récusé l'existence du droit, il le représente comme *« une chape dont il faudrait se débarrasser, un brouillard que le soleil dissipe ».* Au début du XXème siècle, le propagandiste Otto Richard Tannenberg exhortait ses compatriotes à créer un empire pangermaniste à l'échelle européenne. Dans son ouvrage *Groß-Deutschland* [La plus grande Allemagne], il répudiait purement et simplement *« le droit international »,* simple *« calcul fondé sur notre généreuse bêtise »* au profit du droit du plus fort. Le théoricien politique allemand, Heinrich Gothard von Treitschke, ajoutait de son côté que *« l'Histoire n'est pas faite pour être considérée du point de vue auquel se placent les juges dans les procès civils ».* Aussi tous les contrats internationaux ne sont consentis qu'avec la clause : *rebus sic stantibus* [les choses demeurant en l'état]. Avant lui, au XVIème, Machiavel n'avait pas craint de soutenir que *«*

[8] Hélène Marin, *Langue et souveraineté en France au XVII*[ème] *siècle. La production autonome d'un corps de langage* / In : Annales. Histoire, Sciences Sociales. 49e année, N. 2, 1994. Lire également Cardin Le Bret, *De la souveraineté du Roi de son domaine et de sa couronne*, Paris J. Quesnel, 1632.

l'Etat n'est pas justiciable de la conscience morale et ne doit reconnaître d'autre loi que son intérêt ». Les philosophes ont même prédit l'*« autodestruction du droit ».*[9] Certains observateurs n'hésitent pas à tirer un trait sur la sécurité juridique. Ils semblent même estimer avec Jean-Louis Guez de Balzac qu'*« il n'est pas défendu de convaincre le mensonge par le mensonge. On est toujours à temps de travailler à l'établissement de la vérité, quand de quelque sorte que ce soit, on lui a fait entrer dans un lieu qui ne voulait pas la reconnaître ».* [10] Alors, Cour de justice ou Palais des mensonges ? Désormais la loi n'a plus le pouvoir de *« façonner le réel ».* Qui peut encore croire que le législateur domine les faits en votant les lois ? En économie, les preuves de la confiance sont ailleurs : en privilégiant notamment le contrat à la loi partout où c'est possible. Cette solidarité active, positive est et reste une idée neuve. En effet, l'avènement de la *« trustnomics »* est en passe de créer davantage de confiance dans les organisations et entre les individus, à condition de mettre en œuvre dans son business model, dans ses relations avec ses clients, ses fournisseurs et ses salariés où et comment apporter ce surplus de confiance. A cet égard, la *« blockchain »* est bien une révolution de la confiance, portée non plus par un tiers de confiance [banquier, notaire, juriste, etc.], mais par un système décentralisé et partagé.[11] Pour d'autres, la

---

[9] Michel Villey, *Nietzsche et le droit*, Archives de philosophie du droit tome XV, Edit. Sirey, 1970. *« C'est nier l'existence du droit que de le soumettre au caprice du législateur, comme si la production du droit était création arbitraire et purement individuelle, comme si elle n'était pas recherche d'un ordre commun supérieur aux volontés individuelles, axée vers un pôle naturel (la cause finale d'Aristote, inhérente à l'être, non produit d'évaluation subjectives). C'est nier le droit de le ramener à la volonté de puissance ».*

[10] Jean-Louis Guez de Balzac, *Dissertations chrétiennes et morales*, dans *Les Œuvres de Monsieur de Balzac*, Paris, Thomas Jolly, 1665.

[11] Laurent Leloup, *Blockchain - La révolution de la confiance,* Edit. Eyrolles, 2017.

confiance ne reviendra en France que si un dirigeant se lance dans un assouplissement majeur des textes et d'une véritable politique de simplification du droit. Depuis quelques années, combien de mesures successives [et aussitôt avortées] de projet de loi lacunaire : de montagnes qui accouchent d'une souris. En somme, beaucoup de bruit pour rien ! Pour Francesco Masci, *« le sujet est désormais seul avec soi-même et c'est lui maintenant qui doit disparaître. L'homme et la loi, le pouvoir et la foi, l'argent et la technique, tout ce qui dans la société fonctionnellement différenciée ne se rencontre plus jamais, peut entretenir, grâce aux événements, des formes de relations prémodernes, mais sous le signe de la négation. Le sujet a reconnu sa non-existence, et s'il semble parfois vouloir réanimer sa vieille opposition au monde, celle-ci n'est plus qu'une occasion parmi d'autres, sans doute la plus amère, de s'installer dans le temps mort de l'attente ».*[12] Nous subissons depuis trop longtemps une action publique à effet marginal. Parmi les plus utilisés, nous retrouvons la loi péremptoire, qui permet aux autorités de soumettre les faits, de réparer une injustice, de punir, de rééduquer. Or il s'agit tout au plus d'étendre l'application d'une éphémère barricade, une *« ligne Maginot juridique »*. L'ambition des acteurs des *« Civic Tech »*, qui tentent de mettre les avancées technologiques et l'esprit collaboratif des *« communs numériques »* au service de la démocratie, en réinventant jusqu'à l'élaboration de la loi, est louable mais encore peu concluante.[13] Il est également temps de repenser les professions du droit afin de renforcer la compétitivité du droit français [notamment par une simplification des

---

[12] Francesco Masci, *Entertainement ! Apologie de la domination*, Edit. Allia, 2011.

[13] Henri Verdier et Charles Murciano, *Les communs numériques, socle d'une nouvelle économie politique*, Revue Esprit n° 434, mai 2017. Lire également Pierre Dardot et Christian Laval, *Commun*, Paris, La Découverte, 2014.

normes] et d'en moderniser l'exercice [création d'une grande *« profession du droit »*][14] avec un moment de débat, de diagnostic et de proposition transversal, sorte de nouveau *« Grenelle du Droit ».*[15] C'est là un objectif ambitieux, et nous devons nous atteler à la tâche à travers les lignes qui vont suivre, tout en interpellant l'opinion. D'autant qu'il semble que les choses évoluent rapidement. Ces dernières années, les grands cabinets anglo-saxons ont, en moyenne, recruté plus d'experts informatique et gestionnaires de bases de données que de collaborateurs. Le monde du droit change à marche forcée. Le *Big data* aurait déjà raison, en droit, du syllogisme juridique. En effet, selon le juriste Stéphane Larrière : *« mettre en balance les arguments du droit revient à abandonner la causalité nécessaire au développement du syllogisme juridique, au profit d'une manifestation de l'évidence qui repose sur le constat avéré de la donnée ou de l'indice. C'est laisser s'apprécier, ou plutôt se déprécier, le droit en vertu de la règle res ipsa loquitur [les faits parlent d'eux-mêmes] qui laisse, par-delà la Loi, le fait faire justice sur la foi de l'apparence ».*[16] Rédiger et exécuter un contrat relèvent désormais du simple pilotage. Hier, encore, les transactions s'opéraient dans un environnement pauvre en données, les acteurs évoluaient dans la brume.

---

[14] *« Actuellement, en tant que directeur juridique, j'ai la possibilité de salarier des avocats français à l'étranger ainsi que des avocats étrangers en France. Les seuls que je ne peux pas salarier sont les avocats français. Quelle est la logique ? »* Nicolas Guérin, Président du Cercle Montesquieu, *Un Grenelle du Droit pour penser les professions juridiques de demain*, revue Option Droit Affaires n°346, 22.03.2017.

[15] Si jusqu'en 1917 seules 18 avocates ont prêté serment, en 2015 54% des 60.223 avocats sont des femmes. Le 1er décembre 1900 la loi permet aux femmes d'exercer la profession d'avocate : Olga Balachowsky-Petit est la première à prêter serment. Enfin, sur près de 10 000 inscrits dans les facultés de droit, il n'y avait que 5 femmes sur l'année universitaire 1899-1900, et 16 inscrites à l'automne 1900.

[16] Stéphane Larrière, *Big data : la fin du syllogisme juridique ?* / http://laloidesparties.fr/author/thelawyer1

Mais cette situation est en pleine évolution : les marchés actuels, grâce aux réseaux informatiques, voient la quantité d'informations exploser.[17] En somme le *Big data* échappe à la démonstration fondée sur l'argumentation opposée, il met le *« syllogisme hors-jeu »*.

Dans une parabole de Kafka, un homme se présente devant la loi, demande à y entrer, mais il se heurte à une fin de non-recevoir. Le gardien lui en interdit l'accès. L'homme décide d'attendre, il tente de soudoyer le gardien, mais celui-ci lui explique qu'il peut bien essayer d'entrer il va se heurter à d'autres gardiens plus puissants. Alors l'homme s'installe dans l'attente et lorsqu'il meurt le gardien ferme la porte ; c'est alors que l'homme apprend que cet accès n'était fait que pour lui. *« Lorsqu'il s'est aperçu de l'absence du gardien, l'homme a aussitôt arrêté de demander à entrer dans la loi, et il s'est contenté d'attendre. »*[18]

---

[17] Stéphane Larrière, *Force majeure : disruption digitale annoncée ? /* http://laloidesparties.fr/author/thelawyer1 *« Il s'agit de préfigurer non pas le résultat infaillible, mais une tendance à l'exactitude dans une recherche asymptotique au zéro risque. A l'instar du projet Life Earth Simulator de l'Institut de technologie de Zurich, elle tend à embrasser la totalité des scénarios possibles, établis sur des variables disponibles mais mises à jour en permanence, pour fabriquer un futur à réorienter et à rediriger d'une pulsion tactile dans une dimension quasi prométhéenne : oui, désormais c'est l'impossible qui est retenu, mais sans force majeure… force malheur ?! »*.

[18] Francesco Masci, *Entertainement ! Apologie de la domination, op. cit.*

Chapitre I

Le malentendu entre la justice et les justiciables

C'est quand l'église catholique a décidé qu'on ne pouvait prévenir l'adultère, qu'elle a rendu, selon le marxiste Friedrich Engels, le divorce impossible. Ce n'est pas l'avocat Robert Badinter [qui sauve Roger Bontems - sans doute non coupable [19] de la guillotine ou qui par sa plaidoirie convainc les jurés de ne pas condamner Patrick Henry - sans doute coupable - à la peine capitale], mais bien Badinter, garde des Sceaux et ministre de la Justice qui obtient à l'Assemblée nationale l'abolition de la peine de mort en France, le 17 septembre 1981. L'avortement est devenu légal deux ans après le *« procès »* d'une loi obsolète par l'avocate Gisèle Halimi qui empêchait les femmes de disposer librement de leur corps. Quant à l'affaire du sang contaminé dans les années 1990, elle a contribué à l'adoption du *« principe de précaution »*. Pour le philosophe David Lapoujade, *« toute existence a besoin d'intensificateurs pour accroître sa réalité »*. Il ajoute qu'*« un être ne peut pas conquérir le droit d'exister sans le recours d'un autre, qu'il fait exister »*. Il s'agit ainsi de rendre plus réelle certaines existences, *« leur donner une assise ou un éclat particulier »*, de légitimer leur manière d'être et de *« leur conférer le droit d'exister sous telle ou telle forme.*[20]

---

[19] Il avait fondé toute sa défense sur un principe rationnel : celui qui n'a pas tué ne peut pas être tué.

[20] David Lapoujade, *Les existences moindres*, Edit. de Minuit, 2017. *« Cela suppose que toute nouvelle forme d'existence est comme précédée par une question qui ne mine souterrainement la réalité : quid juris ? De quel droit prétendez-vous exister ? [...] Est-ce cela justement le rôle de l'avocat, intensifier la réalité des existences ? Lutter en faveur de nouveaux droits ? ».*

Alors que le recours au droit est devenu plus présent dans notre vie publique, cette *« montée du droit »* suscite un large sentiment d'incompréhension : d'un côté on stigmatise *« l'activisme judiciaire »*, de l'autre on dénonce le risque d'un *« gouvernement des juges »*. De même que la littérature est ravagée par l'autofiction, *« de même le droit est-il menacé par les lois de circonstances, la prolifération des normes qui visent à adapter à chaque fait divers des principes qui étaient faits pour demeurer dans leur permanence ».*[21] Pour le juriste Jean Carbonnnier, qu'elle penchât à droite ou à gauche, la Vème République a globalement péché *« par trop de droit et par la passion d'y ajouter »*[22]. En règle générale, les français méconnaissent leurs droits, en mesurent mal la portée et ont souvent du mal à les respecter. Ils ont des excuses selon Erri De Luca qui évoque *La Marseillaise* : aux armes citoyens est une incitation présente dans l'hymne nationale, *« il incite à la guerre civile, à prendre les armes contre le tyran. Il sert de bande-son sous-entendue à toutes les insurrections. Claude Joseph Rouget de Lisle, auteur du texte, attend depuis deux siècles une plainte contre lui pour incitation ».*[23] L'histoire nous enseigne qu'elle est faite très souvent des victimes intéressées à obtenir réparation et à rétablir une certaine idée de la justice. L'avocat pénaliste Eric Dupond-Moretti dédie son essai *Bête noire* à ses enfants *« en espérant qu'ils n'auront jamais affaire à la justice »*, preuve de la confiance toute relative qu'il réserve à celle-ci. *« Et c'est d'ailleurs cette*

---

[21] François Sureau, *Les mots de la justice – Assises du roman, Le Monde*, 26 mai 2017.
[22] Jean Carbonnier, *Droit et passion du droit sous la Vème République*, Edit. Flammarion, 1996.
[23] Erri De Luca, *La parole contraire*, Edit. Gallimard, 2015.

vulnérabilité qui heurte et fragilise en premier lieu les justiciables non aguerris », précise-t-il.[24]

Quant aux pairs du Royaume, ils ne sont plus à l'abri ! La mise en examen de l'ancien Président de la République Nicolas Sarkozy pour *« abus de faiblesse »*, le 21 mars 2013, surprend son monde, et entraine aussitôt un déferlement d'attaques contre le fameux *« pouvoir des juges ».*[25] A l'occasion de l'élection présidentielle de 2017, le candidat François Fillon s'estime *« harcelé »* par le Parquet financier et refuse de se soumettre au *« gouvernement des juges ».* Du reste notre histoire et nos pratiques ont toujours révélé *« un réel mépris du droit en France ».* [26] Aux Etats-Unis, la vision des Pères fondateurs, fondée sur la suprématie du droit [rule of law] et la séparation des pouvoirs, est mise à mal avec l'élection de Donald Trump qui a fait sienne la pensée d'Alexander Hamilton dans le *Fédéraliste* : *« le pouvoir judiciaire, n'ayant ni le pouvoir de la bourse, ni celui du glaive, est la branche la moins dangereuse du gouvernement ».* [27]

Les fameux Sybarites ne se souviennent que des bouffons qui les ont divertis, et, ont perdu la mémoire des magistrats qui les ont gouvernés. Pour autant, il ne s'agit pas de jeter le bébé avec l'eau du bain ou de disqualifier purement et simplement le sujet de droit, *« car le premier pas essentiel sur la route que mène à la domination*

---

[24] Eric Dupond-Moretti, *L'hyper moralisation pourrit notre société, Acteurs de l'économie* n°126, juillet – août 2015. *« L'avocat est un singulier citoyen, un singulier personnage, tout entiers dans le doute des réalités – celui d'une date, d'une signature, d'une circonstance, d'un témoignage. »*

[25] 21 mars 2013 : à l'issue d'une confrontation avec plusieurs membres du personnel de Liliane Bettencourt dans le cabinet du juge d'instruction Jean-Michel Gentil, l'ancien chef de l'Etat est mis en examen pour des abus de faiblesse à l'encontre de la milliardaire.

[26] Laurence Engel, *Le mépris du droit,* Hachette littératures, 2000.

[27] Alexander Hamilton, John Jay et James Madison, *Le Fédéraliste*, Paris, Classiques Garnier, 2012.

totale », selon Hannah Arendt, *« consiste à tuer en l'homme la personne juridique ».* La liberté n'est certainement pas l'obéissance à la loi qu'on s'est prescrite, *« mais l'assouvissement de ses désirs en un lieu interdit* [désormais ?] *à la loi. Chez Rousseau, la loi n'est légitime que si elle est la déclaration de la volonté générale ; chez Constant, elle n'est légitime que si elle laisse libre cours aux volontés particulières ».*[28] Mais quelle liberté ? Selon Althusser, *« Libre, libre, mais il faut écrire avec les mots qui ont servi, avec tous les accords qui ont déjà sonné, avec les lois de l'équilibre nécessaire... plus esclave que nulle part ailleurs ».* Règle de la fatalité ou loi de l'échec ? En paraphrasant, Blaise Pascal, le droit a ses raisons que la raison ne connaît point. Dans *Le Procès* de Franz Kafka, Joseph K. est arrêté pour une raison qu'il ignore. Comme il s'estime innocent, il réfute les accusations portées contre lui. En vain. Au gré de la procédure, le héros n'a d'autre choix que d'accepter la réalité de ce procès afin de faire valoir ses droits. Dans *« L'Invention de Morel »*, l'écrivain Adolfo Bioy Casares démontre que le monde « *avec le perfectionnement de la police, des papiers d'identité, de la presse, de la radio et des douanes, a rendu irréparable toute erreur judiciaire et est devenu un enfer unanime pour les persécutés ».* Obligation de résultat en matière de santé du travail, exhaustivité dans l'analyse des risques en entreprise [le *« document unique »* doit en effet lister et hiérarchiser les risques pouvant nuire à la sécurité de tout salarié ; en ce sens, c'est un inventaire exhaustif], faute inexcusable : *« à l'impossible, l'employeur est* [désormais] *tenu ».* Autre exemple : le *« forfait jour »,* régime juridique qui consiste à rémunérer les salariés [notamment les cadres] sur la base d'un nombre de jours travaillés dans l'année et non sur un décompte horaire hebdomadaire. La

---

[28] Bruno Guigue, *L'argent, rempart de la liberté*, Revue Etudes n°4185, mai 2013.

jurisprudence est venue contraindre l'employeur à un quasi-contrôle de temps de travail, antinomique avec ce type de durée du travail fondée sur la flexibilité et la souplesse. Allez comprendre ! Le droit social est un espace qui accélère l'éclosion *« des couleuvres juridiques »*. Au fil du temps, le droit a accordé aux personnes morales [considérés comme des êtres de fictions] les droits et prérogatives reconnus aux personnes physiques. *« Objets inanimés, avez-vous donc une âme… Qui s'attache à notre âme et la force d'aimer ? »*[29] Kate Darling chercheuse en propriété intellectuelle et en politique de l'innovation au Massachusetts Institute of Technology de Boston entame en 2013 une réflexion sur le droit des robots. L'introduction d'une intelligence artificielle implique en effet la création de nouveaux droits à l'instar de ceux consacrés dans le monde numérique notamment concernant les droits de la personnalité. Une des solutions consiste à imaginer un statut juridique adapté [un droit *sui generis*], comparable à celui de la personnalité morale, notamment lorsque les robots acquièrent un degré de liberté et d'autonomie de plus en plus important par rapport à leur environnement et aux humains qui les utilisent. Ne savons-nous pas, depuis les textes de Roland Barthes qui composent *« Mythologies »*, que *« chaque objet du monde peut passer d'une existence fermée, muette, à un état oral, ouvert à l'appropriation de la société »* ?[30] Et il a été finalement admis que la personne morale pouvait souffrir [Dieu ait son âme !] d'un préjudice moral qui recouvre la notion *« d'atteinte aux sentiments »*.[31] Or, *« la personne morale n'est pas une personne. Ni souffrante, ni aimante, sans chair et sans os, la personne morale est un être artificiel. Et Casanova le*

---

[29] Alphonse de Lamartine.
[30] Roland Barthes, *Mythologies,* Édit. du Seuil, Paris, 1957.
[31] Cornu G., *Vocabulaire juridique,* Puf 2011, V° Préjudice, p. 781.

savait bien, qui poursuivit nonnes et nonnettes, mais ne tenta jamais de séduire une congrégation. »[32] Dans un autre registre, en décembre 2014 un tribunal argentin a reconnu le droit de vivre en liberté à une femelle orang-outan, vivant au zoo de Buenos Aires depuis 20 ans. Le tribunal a considéré, l'animal comme *« une personne non humaine »,* une première mondiale. En France, le 30 octobre 2014, les députés ont reconnu aux animaux la qualité *« d'êtres vivants doués de sensibilité »,* alors que le Code civil les considérait comme *« des biens meubles ».*

Que dire encore de l'inflation législative [croissance du nombre et de la longueur des lois et, plus généralement, du droit], dénoncée notamment dans un ouvrage intitulé *« Ubu roi, trop de lois tue la loi »,* dans lequel les auteurs recensent en 2008 près de 10 500 lois, 127 000 décrets, etc.[33] Les praticiens s'étouffent chaque jour avec le mille-feuilles du Code du Travail qui est passé de 2 271 pages en 2000 à 3 231 pages en 2010, soit une progression de plus de 34,5 % [plus de 10 000 articles, près de 2 500 sections et 1 065 sous-sections, etc.]. Le droit répond trop souvent à une logique de compilation. En 1917, Benoît XV promulguait le premier code de droit canonique de l'Eglise, rompant avec des siècles de compilations juridiques : les Napolitains y voyaient *« de quoi charger une caravane de chameaux ».*[34] Au

---

[32] Cozian M., Viandier A. et Deboissy F., Droit des sociétés, LexisNexis, 24ème éd., 2011, n°168.

[33] P. Sassier et D. Lansoy, *Ubu Loi,* Fayard, 2008. *« Entre 1986 et 2006, le Journal Officiel est ainsi passé de 7 000 à 17 000 pages. Et entre le 21 juillet et le 2 août 2005, ce ne sont pas moins de 6 lois, 6 ordonnances et 15 décrets qui sont venus grossir les 3 000 pages du Code du travail sur la durée légale du temps de travail... ».*

[34] Mgr Pietro Gasparri avait été marqué par l'œuvre de codification napoléonienne et ses effets à travers toute l'Europe, aussi il oriente les travaux de la commission romaine vers la rédaction d'un texte courts, clair et concis, à l'image du code civil. *« En se codifiant, la science canonique s'était davantage juridicisée [...]. Les canonistes partisans du code n'avaient pas assez mesuré combien l'instrument, la forme utilisée, influençait le fond du*

demeurant, chacun sait que *« les règlements sont faits pour les soldats et non pour les guerriers ; la bataille se rit du code, elle en exige un nouveau, innové par elle et pour elle et qui disparaît dès qu'elle est terminée ».*[35] La propriété intellectuelle n'est pas davantage épargnée avec la cyberculture qui favorise désormais la circulation des textes et *« l'estompement de leur origine ».* Malgré la multiplication de charte [universelle !] et/ou d'autorité morale, la perméabilité des frontières numériques fragilise en effet tout système national de protection des droits d'auteur. Le professeur Hélène Maurel-Indart constate que l'Internet favorise *« un étonnant retour en arrière, au temps d'avant l'imprimerie, de la culture orale, au Moyen-âge du texte toujours susceptible d'être reprise et modifié par un continuateur ».*[36] Même si les auteurs du numérique, profitant du flottement juridique, sont rentrés dans le rang, l'outil demeure trop souvent une zone de non-droit. Toutefois, les ayants droits n'hésitent pas à retrouver leur place dans cet espace textuel avec des résultats mitigés. A cet égard, l'affaire du docteur Claude Gubler illustre parfaitement notre propos. Pour mémoire, le médecin de François Mitterrand, avait écrit un ouvrage intitulé *Le grand secret* dans lequel il révélait l'état de santé préoccupant de l'ancien Président de la République. A sa sortie, la famille avait réagi immédiatement et obtenait en référé le retrait du livre deux semaines après sa

---

droit qui y était exprimé et l'image de l'Eglise qui y était présentée. Le théologien et le canoniste semblaient ne plus parler le même langage. » Pour mémoire, un nouveau code sera promulgué le 25 janvier 1983. Nicolas Senèze, *Le code de droit canonique, La Croix*, 5 juin 2017. Lire également, Philippe Toxé, *La codification en droit canonique*, Revue française d'administration publique n°82, avril-juin 1997.

[35] Napoléon Bonaparte.

[36] Hélène Maurel-Indart, *Plagiats, les coulisses de l'écriture,* Les Essais, Edit. de la Différence, 2007. *« Mais les virtualistes sont bien conscients que le principe économique d'exclusion est le principal obstacle de l'idéal communautaire : le copyright n'a-t-il pas été conçu à l'origine pour réduire la concurrence entre les éditeurs et non pas pour protéger les auteurs ? »*

publication au motif que celui-ci portait atteinte au secret médical et à la vie privée du défunt. Toutefois, au nom de la liberté d'expression, l'ouvrage était diffusé sur l'Internet, faisant ainsi le tour du monde. Le mal était fait. Malgré ces initiatives judiciaires, on a trop souvent l'impression d'un vide juridique, qui traduit en réalité la perception de l'ineffectivité du droit. Il en va de même de la cybercriminalité à l'échelle planétaire qui implique une coopération communautaire et internationale en manque de moyens et surtout impuissante face à la fugacité des réseaux. Quant à la revendication croissante de droits, dans un esprit individualiste parfois même libertaire, elle cristallise l'inquiétude jacobine : *« Dans une culture française valorisant le conflit politique, l'émergence du discours juridique, longtemps tenu en lisière du corpus républicain, venait effectivement troubler les traditions intellectuelles. Que le citoyen puisse revendiquer l'effectivité du droit semblait ouvrir la boîte de Pandore. Le droit-de-l'hommisme semblait légitimer l'érosion de la culture civique et, au bout du compte, aggraver l'impuissance publique. Le langage du droit, finalement, armait la demande égoïste. [...] La demande de droit procède surtout de l'inachèvement du projet démocratique. Comment se satisfaire d'un état de fait ou, comme disait justement le philosophe Emmanuel Mounier, d'un désordre établi, qui couvre trop souvent de belles paroles la solide permanence des préjugés, le mépris social, la naturalisation des inégalités ? ».*[37] L'écrivain italien Erri De Luca considère même que les lois ne sont pas naturelles, elles sont celles que les hommes inventent et détruisent. Il faut savoir jouer avec, voire prendre des risques lorsque cela s'impose.

---

[37] Editorial, *Le charme amer de la victimisation, Revue Esprit* n°411, janv. 2015.

L'heure est donc venue de sortir des sentiers battus, de révéler un droit *non sequitur*, qui ne suit pas les prémisses.

Chapitre II

De l'habileté à l'abus de droit

Madame de Lafayette ne s'y trompe quand elle fait dire au Prince de Clèves à son épouse : *« N'en dites pas davantage [...] ; de faux serments ou un aveu me feraient peut-être une égale peine ».* Ainsi résume-t-elle la perception de la culpabilité de la Princesse de Clèves et du Duc de Nemours : *« Je sais bien que ce n'est pas la même chose à l'égard du monde ; mais au mien il n'y a aucune différence, puisque je sais que c'est par vous qu'il est mort et que c'est à cause de moi ».* Quelle confusion ! Un avocat n'aurait pas fait mieux. Il en va de ces choses, comme la vérité ou la loi, dont on a trop souvent l'impression d'être capable de dire d'où elle vient et de ne savoir ce qu'elle est. Le roi Marc condamne la reine Iseut sans jugement, et c'est forfaire. Puis il l'absout sans plus de jugement : n'est-ce pas forfaire encore. Jamais Iseut la Blonde ne se justifie. Alors elle réclame elle-même le jugement de Dieu en jurant sur les ossements des saints qu'elle n'a jamais failli avec Tristan ? *« Innocente, de saisir un fer rougi au feu ? Ainsi le veut la coutume, et par cette facile épreuve seront à jamais dissipés les soupçons anciens. »* Elle sait que cette épreuve la perdra, elle use alors d'un stratagème. Elle mande qu'au jour fixé du jugement, Tristan porte une robe de pèlerin, si habilement déguisé que nul ne puisse le reconnaître. Pour atteindre la terre ferme, sans souiller ses longs vêtements, elle demande qu'on vînt l'aider. Le pèlerin [Tristan] descend dans l'eau et porte la reine. Iseut se déclare aussitôt innocente du crime dont on l'accuse : *« Roi de Logres, et vous, roi de Cornouailles, et vous, sire Gauvain, sire Ké, sire Girflet, et vous tous qui serez mes garants, par ces corps saints et par tous les corps saints qui sont en ce monde, je jure que jamais un homme né de femme ne m'a tenue entre ses bras, hormis le roi Marc, mon seigneur, et le pauvre pèlerin qui, tout à l'heure, s'est laissé choir à vos yeux. Roi Marc, ce serment convient-il ? Elle s'approcha du brasier, pâle et chancelante. Tous se taisaient ; le fer était rouge. Alors, elle plongea ses bras nus dans la braise, saisit la barre de fer, marcha neuf pas en la portant, puis, l'ayant rejetée, étendit ses bras en croix, les paumes ouvertes. Et chacun vit que sa chair était plus saine que prune de prunier ».* [38] Certes, elle n'a pas menti, mais Tristan et Iseut ne sont innocents que pour la galerie ! Dans la comédie *Divorce à l'italienne*, Pietro Germi nous enseigne comment détourner la loi qui interdit le divorce quand on a une maîtresse. Après avoir poussé l'encombrante épouse à l'adultère, il ne reste plus qu'à venger son honneur, et faire confiance à son avocat.

Sur le plan artistique, ça ne vaut guère mieux. Il y a beaucoup de subterfuges en ce qui concerne les définitions et les sous-définitions, qu'on peut couper les cheveux en quatre et qu'on trouve toutes sortes de nuances. Le monde judiciaire marche parfois sur la tête. Dans *Plaise au tribunal,* Emmanuel Venet rédige un mémoire d'avocat d'un juridisme devenu absurde à force de logique en prétendant que la *« dispersion naturelle d'une partie des feuilles constitutives de l'œuvre Les feuilles mortes se ramassent à la pelle serait à l'origine d'un accident de travail »* ou en présentant ledit accident *« comme une œuvre d'art conceptuel intitulé Entorse au règlement, répertoriée comme une sculpture orthopédique éphémère s'inscrivant dans la filiation du texte de Henri Michaux,*

---

[38] *Le roman de Tristan et Iseut,* Chapitre XII - Le jugement par le fer rouge.

Bras cassé ».[39] Alors que depuis la Renaissance, ce sont le plus souvent les magistrats qui ont décidé du statut d'une création, avec l'art conceptuel il semble bien qu'on régresse. C'est en effet sur la foi de témoignages qu'un juge américain constatait l'existence d'une nouvelle école qui fait de l'abstrait. En 1928, pour les douanes américaines, la sculpture en bronze poli de Brancusi [Oiseau dans l'espace] était un objet industriel taxable et non une œuvre d'art. Le magistrat ajoutait : *« Ce n'est pas à moi de vous dire si c'est de l'art ou pas, mais je constate que ceci existe. Et si je lis la loi, il n'est écrit nulle part que l'art doit ressembler à quelque chose de réel ».* [40] En 2011, une sculpture lumineuse [installation de tubes fluorescents] de Dan Flavin sera classée par la Commission européenne comme *« appareil d'éclairage à fixer au mur ».* Il ne s'agirait pas d'art, qui bénéficie d'un taux de TVA réduit, mais d'objets industriels taxables à 20%.[41] Nous sommes ici devant un symptôme classique d'une justice parfois soumise à la personnalité et aux lubies des avocats ou des juristes. On pourrait multiplier

---

[39] Emmanuel Venet, *Plaise au tribunal*, Édit. La Fosse aux Ours, mars 2017. *« En foi de quoi le Centre hospitalier psychiatrique d'Oublevé, attribuant la présence de feuilles mouillées sur le sol à la seule responsabilité de Monsieur Rémy Dièse, exige une exorbitante provision de 1 500 000 € [un million cinq cent mille euros) pour assurer le conservation, pérennisation et patrimonialisation d'une lésion ligamentaire par nature et fort opportunément passagère. »*

[40] Céline Delavaux et Marie-Hélène Vignes, *Les procès de l'art : petites histoires de l'art et grandes affaires de droit,* Palettes, décembre 2013.

[41] Harry Bellet, *Des œuvres devant les juges, Le Monde Culture & Idées*, 8 février 2014. *« Or, en 2011, la Commission européenne à Bruxelles considère que, dans le travail de Viola, les composants ont été légèrement modifiés par l'artiste, ce qui ne modifie pas leur fonction originale de lecteurs vidéo et de haut-parleurs. Quant aux Flavin, ils ont les caractéristiques des appareils d'éclairage et doivent donc être classés comme appareils d'éclairage mural. Ce n'est pas l'installation qui constitue une œuvre d'art mais l'effet de lumière qu'elle projette. Ce qui fait dire à l'avocat de Haunch of Venison que ces œuvres, qui n'en sont pas quand elles sont éteintes, le deviennent lorsqu'on les allume ».*

les exemples à l'infini et jusqu'à l'absurde. Ainsi, dans *Les procès d'animaux,* Edward Payson Evans raconte qu'au Moyen Âge, les tribunaux jugeaient parfois d'étranges accusés. Porcs homicides, brebis séductrices et insectes dévastateurs devaient répondre de leurs actes comme n'importe quel criminel, et avaient les mêmes droits qu'un humain ! Selon Michael Grayshott : « *Pour retenir le glaive de la justice, leurs avocats disposaient d'un étonnant arsenal d'arguments juridiques et théologiques. Cocasses, consternants, invraisemblables, les récits de ces procès d'animaux mettent à l'épreuve notre conception du droit* ». Il ajoute que : *« Corps crucifiés, brûlés, bouillis : les murs, vitraux et chapelles des églises et des cathédrales offrent au regard toutes sortes de morts sordides. Autrefois, l'église de la Sainte-Trinité, à Falaise, en Normandie, possédait une pièce unique : sur son mur occidental, une fresque de la fin du XIVème siècle représentait la pendaison d'une truie. Cette dernière ne mourait pas en martyre, mais en meurtrière. Selon les comptes rendus de l'époque, elle avait défiguré et grièvement blessé au bras un enfant des environs, qui en était mort. Arrêtée, la bête fut traînée devant le tribunal local. Après avoir écouté attentivement le récit des faits, la cour rendit sa sentence : la truie était condamnée à être frappée et mutilée à la tête ainsi qu'aux membres antérieurs avant d'être menée à la potence. D'après les témoignages, l'événement attira un large public. Plus de cinq cents personnes se rassemblèrent pour voir l'animal trotter jusqu'à l'échafaud qu'on avait érigé sur la place principale. »*[42] L'été 2014, le *« selfie »* d'un singe fait débat. En cause, une photo où un macaque de la forêt indonésienne souriant regarde l'appareil directement dans l'objectif. L'appareil du photographe David J. Slater était

---

[42] Michael Grayshott, *Levez la patte droite et dites : Je le jure », revue Books* n°55, 22 mai 2014.

posé sur un trépied, muni d'un déclencheur séparé. Or une femelle macaque s'en est emparé et a appuyé dessus. Question : qui en possède les droits ? Le débat portait sur la question du droit d'auteur revendiqué à la fois par Wikimedia Commons, la base de données de photos libres de droits de Wikipédia et David J. Slater qui estime avoir *« travaillé »* [cadrage, préparation de l'exposition, etc.] pour obtenir en définitive le fameux *« selfie »*. Le Bureau des copyrights américain a dû trancher : il n'enregistrera pas de travaux produits par la nature, les animaux ou les plantes. Le bureau donne ainsi des exemples d'œuvres impossibles à *copyrighter* : une photographie prise par un singe ; une peinture murale réalisée par un éléphant ; un dessin naturel formé sur la peau d'un animal ; un morceau de bois sculpté par l'océan, etc.[43] Il ne s'agit pas pour autant d'une simple anecdote judiciaire, d'autant qu'en France depuis février 2015, l'animal a acquis dans le Code civil le statut d' *« être vivant doué de sensibilité »*, tout en restant soumis à la catégorie des biens mobiliers. Le professeur Jean-Pierre Marguénaud estime que la loi devrait accorder aux animaux le statut de *« personne morale »*, au même titre qu'un association, ainsi *« cela permettrait de décliner la palette des droits dont les animaux seraient investis »* et parmi lesquels des droits d'auteurs ou leur équivalent.[44] Nous aurions ainsi le droit

---

[43] Pascal Riché, *Le photographe a perdu : le selfie d'un singe appartient au domaine public,* Le Nouvel Observateur, 22 août 2014. Le Bureau des copyrights donne raison à la fondation Wikimedia, *« en précisant explicitement, dans ses exemples, qu'échappent à la protection intellectuelle les photos prises par des singes. La suite de son communiqué est plus intrigante : de même, le bureau ne peut enregistrer le travail attribué à des êtres divins ou surnaturels, bien que le bureau puisse enregistrer un travail dans lequel ceux qui font la demande [de protection] affirment que ce travail a été inspiré par un esprit divin. »*

[44] Cf. Revue Semestrielle de Droit Animalier / http://www.unilim.fr/omij/files/2016/01/RSDA-1-2015.pdf / Pourquoi dès lors ne pas imaginer un *« intéressement en nature »* pour la création animalière, selon le maître de conférences Alexandre Zollinger.

de tout oser, voire de tourner le droit en ridicule. Dans le *Sanctuaire* de William Faulkner, le sacro-saint droit d'asile [right of sanctuary] est bafoué. Le procès de Goodwin est une *« parodie de justice avec des juges vendus, un faux témoin, une fausse innocente et un faux coupable. La loi ne cesse d'être tournée en dérision, la loi se moque de la loi. […] La loi ne protège pas les innocents […]. »*[45]. Même constat sur le plan militaire, outre l'*« inféodalisation »* de l'Onu à l'Alliance atlantique, le *« police bombing, en dehors de tout cadre territorial et juridique, confirme étrangement les pronostics du dernier Carl Schmitt [18888-1985] sur la délocalisation absolue de la guerre et la mue des interventions militaires en simples descentes de police »* [46] Quant au général Johann August Sutter, le héros de Blaise Cendrars, il est mort sans justice [du moins parmi les hommes], confronté à des obstacles de taille dans sa tentative d'obtenir réparation. Sa pension est mangée au fil du temps par des avocats marrons : *« […] des vrais et des faux avocats viennent le trouver, se font exposer son affaire et lui font signer des tas de papiers pas lesquels Sutter se désiste du quart, de la moitié, des trois quarts et même du tout en cas de succès, car que lui importe l'argent, l'or, les terres, c'est la justice qu'il veut, un jugement, une sentence ».*[47] On passe insensiblement dans un monde kafkaïen, le monde de la loi et de l'absence de justice, otage d'un marchandage honteux et d'une parodie

---

[45] André Bleikasten, *William Faulkner. Une vie en romans* [biographie], Croissy-Beaubourg, Édit. Aden, 2007. *« Les procès de Goodwin et de Popey se suivent et se ressemblent. Chaque fois les jeux sont faits, chaque fois l'avocat de l'accusé se démène en vain. Et au terme de l'un et l'autre procès, le jury se retire exactement huit minutes et revient avec le même verdict, condamnant à mort un homme pour un crime qu'il n'a pas commis, et le comble de l'ironie est que Popeye, le vrai coupable du premier procès, soit condamné au second pour un meurtre dont il est innocent. »*

[46] Régis Debray et Renaud Girard, *Que reste-t-il de l'Occident*, Grasset, 2014.

[47] Blaise Cendrars, *L'or,* Grasset 1925.

de justice : *« Faire appel à la Loi. La Loi. En septembre 1850, la Californie entre régulièrement dans la confédération des Etats-Unis. C'est un Etat doté de fonctionnaires et de magistrats, un corps constitutionnellement au grand complet. Alors commence une série de procès prodigieux, coûteux, inutiles. La Loi. La Loi impuissante. Les hommes de loi que Johann August Suter méprise. »*[48] Le héros en appelle au juge Thompson qui lui propose de transiger et de passer la main. On perd toujours moins dans un compromis, aussi peu favorable soit-il, que d'aller en justice.

Pour les justiciables que nous sommes, il y a un fossé béant entre l'explicite [qui est énoncé complètement et ne peut prêter à aucune contestation, comme un texte de loi] et l'implicite [qui, sans être énoncé formellement, découle naturellement de quelque chose, comme une condition]. Témoin cette anecdote tirée de l'affaire Dreyfus que nous rapporte Jean-Yves Girard : *« les lettres fort embarrassantes pour l'armée, de la crapule galonnée Esterhazy-Walsin à sa maîtresse, Mme de Boulancy, ont été disqualifiées, deux enveloppes ayant été échangées. L'opération mentale ou implicite consistant à remettre les lettres sans les bonnes enveloppes sortait de la preuve légale gendarmesque ».*[49]

---

[48] Blaise Cendrars, *L'or, op. cit.*

[49] Jean-Yves Girard, *Le fantôme de la transparence*, Edit. Allia, 2016.

Chapitre III

Comme on fait son droit, on se couche !

J'ai fait des études pour valoir ce que de droit, en l'occurrence pas grand-chose me semble-t-il. *« L'avocat, cette chimère, ne produit guère d'œuvres immortelles »*, écrit François Sureau qui définit le geste littéraire *« comme une manière non pas de transgresser le langage, mais plutôt d'y ouvrir un espace singulier, où s'intensifie la force des mots »*[50]. Je travaillais à l'époque sur ce que me dictait mon devoir, sans me soucier outre mesure de la loi. Docteur en droit. Sous le signe du Poisson, naissent les cuisiniers ou les rhéteurs. Au cours de mes études, je me suis très vite élargi des fondements du droit à l'essence du monde. J'ai fait mienne la sentence d'Alain Supiot : *« les études de droit sont peut-être les seules qui ne puissent décevoir »*. Elles mènent à tout, à condition d'en sortir, de s'ouvrir à d'autres horizons. Des quatre Mousquetaires du lycée Ampère Bourse à Lyon, il ne reste qu'un juriste, les autres sont devenus huissier de justice [Franck J.], psychologue à Neuilly [Fabienne T.] ou Président du Directoire d'un groupe d'armement [Remy T.]. Ainsi, les études de droit sont [comme l'amitié] une *« monnaie de bon aloi que de faux monnayeurs mettent en circulation après l'avoir altérée »*. Le monde du droit est un cercle vertueux où ses thuriféraires s'y enferment parfois comme le ver à soie s'enferme en l'étoffe qu'il tisse. C'est d'ailleurs une des raisons du détachement que la société

---

[50] François Sureau, *Les mots de la justice – Assises du Roman, Le Monde*, 26 mai 2017. *« Ce qui fait que nous craignons la justice, disait le grand juriste Hans Kelsen, ce n'est pas la sanction policière mais la puissance symbolique des normes. Le droit, en tant que langue fondatrice, démontre le pouvoir des textes, la force des formes. »*

éprouve vis-à-vis des juristes [qui en sont même un peu fiers]. A titre d'exemple, *« la procédure d'agrégation de professeurs en France a tendance à ne pas considérer les travaux de recherche de candidats qui sont écrits en langue étrangère ou qui ont été écrits en coopération avec d'autres auteurs, notamment des auteurs d'autres disciplines académiques. Il est donc peu étonnant de constater que les écoles de droit françaises sont si peu attractives pour des professeurs venant de pays étrangers ou du secteur privé. [...] Un système de connaissance défensif et renfermé sur lui-même – qui, du fait de l'éducation et du mode de recrutement de ses praticiens et chercheurs professionnels, se perpétue lui-même – ne peut de façon crédible innover ou accompagner le changement ».*[51] Nous ne devrions avoir de cesse que de lutter contre cette présomption qui affecte malheureusement bien des castes d'intellectuels. Cela ne signifie évidemment pas qu'il faille accepter n'importe quoi ou n'importe qui. *« Eternelle loi de la condition humaine que l'homme se réveille un matin prisonnier de son choix »* [Althusser encore]. Thésard. Ce *vade-mecum* était déjà pour moi *« ce qu'un catéchisme de première année peut être pour le Primat des Gaules »*, selon l'expression de Robert Margerit. Il n'y a pas de droit qui tienne. *Disjecta membra ! « Les études juridiques immunisent contre les vérités définitives assénées sur le droit et la justice par d'éminents philosophes, sociologues, économistes, etc., qui ne se sont jamais donné la peine d'ouvrir un code ou de lire un arrêt. »*[52] A quoi bon ratiociner, je sais de reste que je n'ai pas choisi la

---

[51] Sophie Vermeille, Mathieu Kohmann, Mathieu Luinaud, *Un droit pour l'innovation et la croissance*, Fondation pour l'innovation politique, Fondapol.org

[52] *Cf. La fonctions anthropologique du droit,* entretien avec Alain Supiot, revue Esprit *« Entre la loi et le contrat »*, Fév. 2001, p. 151. Lire également Alain Supiot, *Critique du droit du travail,* Paris, Puf, 1994.

meilleure part des études de lettres. *« La force du droit vient de la force des mots ! »* écrit Pierre Bourdieu. Léautaud préférait à tout roman *« un rapport juridique bien écrit sur le scandale du Panama ».* Je vois mon parcours universitaire comme un grand vent capable d'entrainer n'importe quoi, des thèses et des antithèses, une orgie de Dalloz, de notes de synthèse et autant de commentaires d'arrêts. A l'époque, les suggestions de Guy Carcassonne de renoncer à la syntaxe en *« attendus »* ou *« considérants »* ainsi qu'à la phrase unique n'étaient pas d'actualité[53]. A la « *cafét* », nous rivalisions avec d'autres étudiants pour l'obtention du titre du plus grand latiniste en droit de l'Université à force d'égrener des chapelets de termes et d'expressions issus du latin, ainsi que des maximes en latin utilisés hier encore dans le jargon du droit et de la justice [*accessorium sequitur principale, de minimis non curat prætor, error communis facit jus, fraus omnia corrumpit, in dubio pro reo,* et le célèbre *nemo auditur propriam turpitudinem allegans*, etc.]. Avant d'entrée à l'Université Jean Moulin Lyon III, les arrêts décisifs de la semaine portaient davantage sur les parades du gardien de but de l'Olympique Lyonnais [Yves Chauveau] que sur les attendus magistraux des juges de la Cour de cassation. A l'instar de Pierre Legendre, *« je vivais la perplexité du jeune étudiant devant l'Himalaya des savoirs. Je pris le parti de jouer à la loterie. Et la roue du destin s'arrêta sur une case qui ne manquait pas d'être énigmatique : Droit ».*[54] La bonne fortune aidant, l'historien du droit tombait sur la dédicace de l'empereur Justinien : *« A la jeunesse désireuse des lois [juventuti cupidae legum] »,* avant de constater que ses

[53] F. Carcassonne, *L'intelligibilité des décisions du Conseil Constitutionnel, in* P. Mbongo [dir.], *La qualité des décisions de justice, Strasbourg,* Edit. du Conseil de l'Europe, 2007.
[54] Pierre Legendre, *La Balafre. A la jeunesse désireuse…*, Summulae, Mille et une nuits, mars 2007.

contemporains font état de tendance inverse, i.e. *« la vacuité promue au nom de la circulation des connaissances »*. A cet égard, Maurice Taylor, le PDG de *« Titan »* est connu aux Etats-Unis pour avoir tenté d'obtenir en 1996 l'investiture républicaine pour l'élection présidentielle. L'homme ne recueillera au final que 1% des suffrages. Le 2 février 2006, il se paye une pleine page de publicité dans le quotidien *USA Today* pour présenter ses remèdes au malaise américain : fermer toutes les écoles de droit pendant 10 ans ! Le juge Christopher Gregory Weeramantry fait à peu près la même analyse : *« Où que l'on aille, les études de droit, que ce soit à l'université ou dans des écoles spécialisées, sont souvent trop restrictives. Les juristes apprennent le droit et ils deviennent esclaves de ce droit qu'ils appliquent à la lettre. Ils ne voient pas la philosophie et les principes qui le sous-tendent. Toutes les religions enseignent que les principes de justice sur lesquels repose la loi sont plus importants que la loi stricto sensu. À vrai dire, dans le Nouveau Testament, Jésus lui-même critique le légalisme des juristes à de nombreuses reprises et tente de leur faire comprendre que les principes à l'origine de la loi comptent davantage. Toutes les religions insistent sur les principes de justice mais dans la plupart des systèmes juridiques, ces considérations tendent à se retrancher derrière la lettre de la loi. La profession juridique doit se montrer partout moins légaliste et se consacrer aux questions de paix et de résolution pacifique des conflits, au service de la communauté et à l'élimination des inégalités et des injustices car ce sont là les causes des tensions. Si elle y parvient, alors elle servira vraiment sa cause »*.[55] Si le philosophe William James insiste sur la capacité remarquable qu'a la volonté de croire de créer sa propre

[55] Christopher Gregory Weeramantry, *Quelques réflexions sur l'éducation pour la paix*, http://unesdoc.unesco.org/images/0015/001524/152404f.pdf.

validation, il est permis de penser que ce type de considération n'est pas étranger *« à la fin de non-recevoir que Russell a opposé à la théorie pragmatiste de la vérité : entre besoin de croire et amour de la vérité, le pragmatisme, du moins celui de James, inverse le rapport ».*[56] Alors oui, j'ai plus ou moins tenté le Diable, notamment aux examens[57] en me fiant davantage à ma force de conviction qu'au pouvoir des lettres ou des articles du code, ce qui a fait dire à un membre du jury de ma soutenance de thèse de droit et de science politique : *« Vous m'êtes plus sympathique à l'oral qu'à l'écrit ! »*[58]. Du reste je n'ai eu aucun mal d'éloigner tant soit peu de moi tout soupçon de pouvoir établir ce que je ne faisais que rapporter. Sans compter l'excitation qu'on éprouve quand on se frotte aux études de la loi. *« Si la pratique du droit est vulgaire, son étude en est sublime »,* écrit John Irving. En résumé, pas de quoi pavoiser. Sans doute s'agissait-il déjà d'établir sa propre loi. Faute de pouvoir partager la loi des autres, il faut toujours chercher à imposer la sienne. Or il se passe beaucoup trop de temps avant que nous perdions notre soumission obséquieuse à l'égard des principes généraux du droit. *« Pour moi, si j'arrive plus tard aux choses, je sais du moins assez clairement comment j'y arrive. »,* écrit Jean Paulhan. De guerre lasse, j'ai appris que les lois les plus puissantes sont les lois silencieuses. Au Moyen-Âge, l'ordalie du feu consistait pour l'accusé à traverser un long feu sans se brûler pour prouver son innocence. Elle constitue un mode

---

[56] Michel Bourdeau, *Mise au point,* parutions.com, 15.05.2007.

[57] Il me revient en mémoire cette chronique lu dans *Les Echos* du professeur Nicolas Molfessis à propos de *« la fameuse – et fumeuse – théorie de la cause, dont un professeur disait justement à ses étudiants que, s'ils en avaient compris les ressorts, c'est qu'il l'avait mal enseignée » in* Nicolas Molfessis, *La réforme du droit des contrats enfin en marche, Les Echos,* 18/12/2013.

[58] *Le chabanisme : idéal politique et projet socia*l sous la direction de Nicole Dockès-Lallement. Université Jean Moulin Lyon III, 1992 - Num. national de thèse : 1992LYO33025.

de preuve judiciaire particulier. Quant à la machine de mort imaginée par Franz Kafka dans *La Colonie pénitentiaire,* qui se charge d'appliquer les sentences sur le condamné, elle *« grave le texte abscons de la loi enfreinte dans la chair du supplicié, qui accède par ce moyen seulement dans l'épectase du dernier souffle, à la révélation de sa signification ».*[59] En somme, le droit n'est décidément plus une formidable aventure dans la quête de la vérité. L'institution est devenue une bonne planque : *« Battu aux élections ? Devenez avocat ! »*, écrit même le journaliste Marc Leplongeon. [60] C'est que le plus souvent l'habit fait le moine. La profession d'avocat est devenue le refuge douillet de tous les politiques en mal de mandat. Cette nomination s'inscrit dans le droit fil d'une longue tradition : le pantouflage des élus battus aux élections et qui sont amenés à quitter leurs fonctions. Si pour un certain nombre d'entre eux le rebond est difficile, pour d'autres, la suite est plus confortable, ils font commerce de leur précieux carnet d'adresse et le mettent au service de prestigieuses entreprises pour faire du lobbying, en privilégiant notamment les secteurs que les hommes politiques concernés connaissent le mieux, ceux, qu'ils ont eu à superviser, à réguler ou à contrôler [il s'agit des mêmes accointances dénoncées dans la fonction publique]. On ne compte plus le nombre d'anciens parlementaires ou de titulaires de portefeuilles ministériels qui sont devenus avocats : *« Ce virus de l'avocat qui a touché les politiques frappe également les parlementaires en activité qui ont de plus en plus recours à ce statut pour développer des*

---

[59] Cf. *La fonctions anthropologique du droit,* entretien avec Alain Supiot, revue Esprit *Entre la loi et le contrat,* Fév. 2001, p. 163.

[60] Marc Leplongeon, *Battu aux élections ? Devenez avocat !* Le Point, 29 août 2008. Les élections de 2017 n'ont pas manqué à la règle, un bon nombre d'hommes et de femmes politiques se sont reconvertis dans le métier d'avocat, même si le plus souvent la robe du politique-avocat se porte dans les cabinets d'affaires [où ils vendent leur entregent], et non dans les prétoires.

activités en parallèle de leur mandat électif. En effet, il est interdit aux parlementaires de s'installer en tant que consultants, en revanche, ils peuvent être avocats. Cette fonction leur permet donc de développer une activité en plus de leur mandat. Il s'avère que ces avocats un peu particuliers ne plaident que rarement, voire jamais et que leurs activités relèvent assez souvent du conseil », écrit Mathieu Quétel dont cette attirance pour la robe ne manque pas d'intriguer.[61] A l'heure où certains ministres et députés perdent leur fauteuil, un décret du 3 avril 2012[62] relatif aux conditions particulières d'accès à la profession d'avocat [des conditions extrêmement avantageuses et par là même dévalorisante pour la profession] prévoit de les autoriser à devenir avocats sans avoir à suivre de formation spécifique. Cette nouvelle passerelle est aussitôt fortement controversée dans la mesure où elle crée une profession à double vitesse, les politiques y ayant accès sont dispensés de formation ou d'examen spécifique.[63]

---

[61] Mathieu Quétel, *Entrepreneurs, faites-vous entendre des politiques – Secrets du lobbying efficace*, Edit. Kawa, octobre 2016. *« On observera tout de même que de nombreux cabinets d'avocats d'affaires revendiquent depuis plusieurs années une activité de lobbying. Il est aisé donc d'être un avocat, ancien politique, parfois même ancien ministre, et de mettre au service d'entreprises son carnet d'adresses. »*

[62] L'article 97-1 ainsi créé en 2012 et inséré dans le décret du 27 novembre 1991, établissait en effet une nouvelle passerelle pour les anciens parlementaires et anciens ministres, en disposant, que *« les personnes justifiant de huit ans au moins d'exercice de responsabilités publiques les faisant directement participer à l'élaboration de la loi, sont dispensées de la formation théorique et pratique et du certificat d'aptitude à la profession d'avocat. »*. Ils n'étaient en outre redevables que d'une simple formation en déontologie et réglementation professionnelle.

[63] Les modalités d'accès à la profession d'avocat est réservé par la loi du 31.12.1971 aux titulaires d'une maîtrise en droit ou d'un diplôme équivalent, rappelait les dispenses de formation et du CAPA prévues par le décret du 27.11.1991 en faveur de personnes ayant exercé certaines fonctions ou activités en France. Il s'agit notamment des magistrats [judiciaires et administratifs] notaires, huissiers, maîtres de conférences en droit, fonctionnaires de catégorie A, juristes d'entreprise etc... Une autre dérogation dispense du CAPA les personnes ayant exercé en qualité de cadre pendant

Une passerelle en or ! Toutefois, consciente de ce nouveau passe-droit, la garde des Sceaux annonce en 2013 la suppression dudit article 97-1. [64] Dans le même temps, les agents sportifs [sic !] se voient également refuser la possibilité de prétendre bénéficier des dispositions d'accès dérogatoire à la profession d'avocat. Alors que, depuis la loi n° 2011-331 du 28 mars 2011, les avocats peuvent exercer une activité d'agent sportif, un parlementaire proposait d'étendre la dispense au profit des agents sportifs désireux d'épouser la profession d'avocat. Dans la même veine, le garde des Sceaux rappelait au député que les agents sportifs ne sont évidemment pas des juristes d'entreprises et ne peuvent donc pas, ès qualités, solliciter le bénéfice des dispositions d'accès dérogatoire à la profession d'avocat. [65] Pour autant, le débat est loin d'être clôt. En 2014, un avant-projet de loi préparé par le ministre de l'économie, Emmanuel Macron, et la garde

huit ans une activité juridique à titre principal, sous réserve de la réussite à un examen de contrôle des connaissances en déontologie et réglementation professionnelle.

[64] Un décret n° 2013-319 du 15.04.2013, supprime les conditions particulières d'accès à la profession d'avocat des personnes exerçant des responsabilités publiques, a été publié au JO du 17.04.2013 / Décr. n° 2013-319 du 15 avr. 2013, JO 17 avr. Néanmoins, pour les énarques, une équivalence continue d'exister et, pour les autres, le 2ème alinéa de l'article 11 de la loi du 31 décembre 1971 dispose qu'il faut *« être titulaire, sous réserve des dispositions réglementaires prises pour l'application de la directive 2005 / 36 / CE du Parlement européen et du Conseil du 7.09.2005, et de celles concernant les personnes ayant exercé certaines fonctions ou activités en France, d'au moins une maîtrise en droit ou de titres ou diplômes reconnus comme équivalents pour l'exercice de la profession par arrêté conjoint du garde des sceaux, ministre de la justice, et du ministre chargé des universités »*.

[65] Aucun texte, ni même la loi n° 2011-331 du 28 mars 2011 de modernisation des professions judiciaires ou juridiques et certaines professions réglementées, ne permet d'assimiler les agents sportifs à des juristes d'entreprise. La Cour de cassation donne au demeurant une interprétation stricte des cas de dispense, considérant que les fonctions ou activités juridiques alléguées doivent avoir été exercées exclusivement *« dans un service spécialisé chargé dans l'entreprise des problèmes juridiques posés par l'activité de celle-ci »*, à l'exclusion des prestations d'assistance juridique et fiscale à la clientèle.

des sceaux, Christiane Taubira, concerne cette fois les professions réglementées du droit et met le feu aux poudres. Par la voix de leur président, Jean-Marie Burguburu, le Conseil National des Barreaux [CNB] appelle à une mobilisation face au projet de loi *« relatif à la croissance et à l'activité »*. Dans une lettre ouverte au ministre de l'Economie, le CNB réaffirme l'opposition des avocats au projet de loi, car il porte atteinte à leur indépendance et au bon fonctionnement de la justice : *« [...] Non, nous ne braderons ni notre indépendance ni notre déontologie, ni en ouvrant nos cabinets aux capitaux extérieurs, ni en admettant un statut de l'avocat en entreprise contraire à nos principes essentiels. Non, nous n'acceptons pas la création de déserts juridiques. Vos projets de réforme, notamment la suppression du mécanisme de postulation territoriale, vont asphyxier de nombreux barreaux. Ils videront certains territoires de leurs avocats, portant atteinte à la garantie des droits des citoyens devant la justice. Oui, nous sommes ouverts au développement d'une inter-professionnalité : nos discussions avec les autres professions du droit et du chiffre sont avancées ».*[66] Toutefois au terme de la première semaine de discussions [1758 amendements déposés] la disposition qui visait à permettre aux titulaires du certificat d'aptitude à la profession d'avocat de choisir entre cabinet et entreprise, avec la possibilité de passer de l'un à l'autre en conservant son titre et en restant inscrit au barreau, est déjà abandonnée. Devant les avocats, Emmanuel Macron avait lui-même confié *« ne vous en faites pas trop, votre profession est suffisamment représentée à l'Assemblée pour que vos intérêts soient bien défendus »*. Sauf qu'il n'y a jamais eu autant

[66] Jean-Marie Burgubur, *Lettre ouverte des 60 000 avocats de France*, http://cnb.avocat.fr/Le-CNB-adresse-au-nom-des-60-000-avocats-de-France-une-lettre-ouverte-a-M-Emmanuel-Macron-ministre-de-l-Economie-de-l_a2079.html .

d'anciens avocats sur le marché du travail… Un homme sur quatre et une femme sur trois quittent la profession, après dix ans d'exercice. En février 2017, le rapport Haeri sur *L'avenir de la profession d'avocat* présente un regard cruel sur la profession à l'heure où celle-ci est confrontée à de nombreux défis : croissance exponentielle de ses effectifs [+40 % en 10 ans] ; développement accéléré des nouvelles technologies dans la pratique du droit ; arrivée des *« legaltechs »* sur le marché juridique, etc.[67] L'accès au droit est en effet bouleversé par Internet. Alors qu'un tiers des internautes cherche des solutions juridiques sur des sites *« exotiques »*, voire sur Facebook, les géants des *« legaltechs »* comme *« Rocket Lawyer »* [qui comptent plus de 16 millions d'abonnés sur les marchés américain et britannique][68] proposent des consultations aux particuliers et aux petites entreprises à moindre frais. Le grand public passe de plus en plus par Internet pour trouver des informations juridiques, or il faut leur fournir des informations fiables. Pour autant, ces plateformes déconcertent les avocats dans la mesure où elles risquent de refaçonner les prix du marché et imposer de nouveaux standards. Maître Olivier Cousi appelle à la vigilance d'une part, parce que un grand nombre de ces entreprises californiennes imposent *« leur souveraineté en dépit de nos grands principes juridiques qu'elles contournent »*, et d'autre part, parce que ces entreprises d'intermédiation *« captent une rente financière et peuvent appauvrir des pans entiers de marché ».*[69] Quid encore des données

---

[67] Rapport Haeri sur *L'avenir de la profession d'avocat* / http://www.justice.gouv.fr/publication/rapport_kami_haeri.pdf

[68] Rocket Lawyer a été créé en 2008 à San Francisco par Charley Moore, un avocat qui a travaillé pour de nombreuses start-up. Elle a créé en 2016 un joint-venture avec les Editions Lefebvre Sarrut, premier éditeur juridique et fiscal en France et quatrième au monde, et qui détient notamment Dalloz ou les Editions Législatives.

[69] Paule Gonzalès, *L'accès au droit bousculé par Internet, Le Figaro,* 19 avril 2017.

personnelles qui vont transiter par ces plateformes ? Outre le modèle économique [inutile de croire qu'on peut *« bovaryser sur un magot »* selon l'expression de Maître Luc-Marie Augagneur] qui manque de clarté, personne ne sait comment le logiciel travaille. Autre exemple d'innovation : la plateforme d'arbitrage *« eJust »* qui propose aux entreprises d'insérer dans leurs conditions générales de vente ou dans les contrats client ou fournisseur, une clause de recours à de l'arbitrage en ligne. Créé par des professionnels venant du droit, de la finance et l'entrepreneuriat, *« eJust »* est né *« de la volonté de proposer aux entreprises une justice commerciale plus souple, plus simple, en phase avec le tempo rapide du business. [...] La révolution numérique transforme notre monde en profondeur. Nous voyons partout les nouvelles technologies bouleverser nos usages, nos pratiques et nos modèles économiques. Mais l'industrie juridique, et la Justice en particulier, ignore encore ces mutations. C'est pourquoi nous avons pris les devants et créé eJust. Nous voulons que les entreprises puissent désigner un arbitre directement en ligne pour régler leurs différends simplement et rapidement afin de préserver leurs relations clientèles, à des coûts forfaitaires et prédéterminés, et dans le respect complet des garanties prévues par la loi ».*[70] Quant à la plateforme *« Predictice »*, il s'agit d'un outil d'aide à la décision qui offre aux professionnels juridiques une probabilité de réussite pour un cas concret. Grâce à la numérisation des décisions des cours d'appel et des tribunaux de grande instance, elle permet aux avocats d'optimiser leur stratégie. Ils peuvent ainsi identifier et prioriser les arguments qui permettront d'influencer la résolution d'un différend. Enfin, *« Predictice »* est en mesure de fournir une estimation des indemnités obtenues

[70] Jean-Paul Viart, *eJust : une nouvelle plateforme d'arbitrage en ligne*, *Affiches Parisiennes*, 4 janv. 2017.

en s'appuyant des contentieux similaires, et identifie les juridictions les plus favorables pour résoudre le litige.

Désormais le défi à venir est de former des classes d'âge à des métiers juridiques qui ne risquent pas de se voir concurrencés à court ou moyen terme par la mécanique de l'Intelligence Artificielle, alors que des conseils juridiques sont déjà en concurrence avec des robots. Au sein du *« Cercle Montesquieu »* que j'ai rejoint en 2016,[71] la profession fait face à l'attitude corporatiste du Conseil national des barreaux, opposé à l'*« avocat salarié en entreprise »* et à l'octroi d'un *« privilège de confidentialité »* aux juristes. Après les travaux de la commission Darrois en 2009 ou les querelles de chapelle dans le mariage du droit et du chiffre, le concept de *« grande profession » a* toujours ses partisans. Il s'agit de faire évoluer en France le statut du juriste d'entreprise et ses contraintes dans le sens de ce qui existe en Angleterre, en Allemagne ou aux Etats-Unis et d'unifier au maximum la formation pour asseoir une culture forte du droit.

Catalina est aux portes de Rome, et l'on délibère !

---

[71] Notamment autour du lobbying sur la question du *« legal privilege »* débattue dans le cadre de la loi Sapin 2. N'apparaît-il pas en effet aberrant que les avis des juristes ne soient pas confidentiels, au même titre que ceux des avocats, alors que les questions traitées peuvent être sensibles pour l'entreprise ? Une absence de confidentialité qui pose de nombreuses difficultés aux entreprises françaises, notamment en termes d'économie et compétitivité. Dans un tel contexte, certaines choisissent d'externaliser leurs services juridiques à l'étranger, là où le *« legal privilege »* est reconnu.

Chapitre IV

Nul n'est censé ignorer la loi : quelle blague !

La marquise de Merteuil s'inquiète [un peu] auprès du vicomte de Valmont de son procès, c'est pour mieux en rire. Au demeurant, sa désillusion sera aussi cruelle que brutale. *« J'ai voulu enfin connaître au juste quels étaient mes moyens ; mes avocats me citent bien quelques lois, et surtout beaucoup d'autorités* [jurisprudence], *comme ils les appellent : mais je n'y vois pas autant de raison et de justice. J'en suis presque à regretter d'avoir refusé l'accommodement. Cependant je me rassure, en songeant que le procureur est adroit, l'avocat éloquent et la plaideuse jolie. Si ces trois moyens devaient ne plus valoir, il faudrait changer tout le train des affaires, et que deviendrait le respect des anciens usages* [Ancien Régime] *? »*.[72] En principe, la loi emporte une obligation juridique. Mais c'est sans compter sur *« une inflation législative de la fin du XXème siècle, amplifiée par ce début de XXIème siècle, capable désormais de voir publiées des lois inintelligibles, comme des lois sans effet normatif, archétype d'un droit mou. »* [73] Ainsi, les parlementaires ont jugé bon de développer des « *lois bavardes et incantatoires* » selon la formule de Pierre Mazeau, voir *« des lois incantatoires, espérant que l'action sera dans le verbe - l'objectif de l'école est la réussite de tous les élèves ; l'architecture est une expression de la culture. Cette nécessité est, à n'en pas douter, la marque d'une impuissance législative à déterminer et satisfaire le bien*

---

[72] Choderlos de Laclos, *Les liaisons dangereuses,* lettre CXXXIV

[73] Fabien Girard de Barros, *Le droit mou à l'épreuve de la QPC*, n° Lexbase : N9835BUS.

commun ». [74] Le droit subit jour après jour les effets d'une obésité législative : entre 60 et 80 actualisations par an pour le code général des impôts, plus de 8 000 articles pour le code du travail. Aussi, bien malin le justiciable qui retrouvera l'aiguille de la norme au milieu de cette montagne de foin législatif. La loi elle-même est-elle toujours l'avenir du droit ? Si la loi demeure la première source du droit [avec la jurisprudence], elle est souvent la transposition d'autres textes et notamment de directives européennes dont le législateur ne doit pas s'écarter. Selon l'avocat Olivier Iteanu, *« le législateur français fait rarement œuvre de création. Il traduit et transpose »*. Il regrette la rédaction claire et limpide des rédacteurs napoléoniens du Code civil en prenant l'exemple d'une loi promulguée en 1804 toujours en vigueur[75] : *« Tout fait quelconque de l'homme, qui cause à autrui un dommage, oblige celui par la faute duquel il est arrivé à le réparer. »* Hier un citoyen était en position de connaître la loi en général, la mission est tout simplement impossible en 2016.[76] Or pourquoi faire compliqué quand on peut faire simple ? En 2015, BNP Paribas Cardif s'est lancé dans un chantier visant à rendre ses contrats plus clairs, et ce dans les 36 pays où il opère, afin d'avoir une communication compréhensible par le plus grand nombre. Alors que l'industrie de l'assurance avait la réputation de produire des contrats parfois abscons ou jargonneux, le

---

[74] Fabien Girard de Barros, *op. cit.*

[75] Du moins jusqu'à l'ordonnance n°2016-131 du 10 février 2016 portant réforme du droit des contrats, du régime général et de la preuve des obligations qui change par un décret-loi le prestigieux Code Napoléon ou code civil que l'on a qualifié de Constitution civile de la France, un *« totem de notre droit »*.

[76] Lire Olivier Iteanu, *La Loi est-elle toujours l'avenir du droit ?* 27 juillet 2014 / http://blog.iteanu.com/index.php?post/2014/07/27/La-Loi-est-elle-toujours-l%E2%80%99avenir-du-droit. *« Et la difficulté existe aussi pour les professionnels du droit, Avocats et même juges qui s'usent à comprendre des textes que même, parfois le rédacteur n'a pas lui-même compris. »*

bancassureur français rédige désormais toutes les documentations de ses produits en langage standard accessible aux personnes possédant un niveau *« B1 »*, soit, selon le cadre européen commun de référence pour les langues, un niveau maîtrisé par la majorité des gens.

S'agissant des débats sociétaux, le droit entretient parfois même la confusion. La stratégie de bras de fer est devenue une manière de mot d'ordre. A cet égard, si la question du voile islamique suscite des réactions si tranchées dans la société française, selon Philippe d'Iribarne, c'est qu'il n'est pas un simple signe religieux : *« C'est aussi, voire d'abord, l'étendard d'un projet politique qui menace la paix civile. Mettre en avant le respect dû aux religions pour revendiquer le droit de le brandir relève d'un faux-semblant ».*[77] La mémoire historique est elle-même saisie par le droit. Dans un appel paru dans le journal *Libération*, le 13 décembre 2005, émus par les interventions politiques de plus en plus fréquentes dans l'appréciation des événements du passé et par les procédures judiciaires touchant des historiens et des penseurs, les historiens demandent l'abrogation des articles de loi contraignant la recherche et l'enseignement de cette discipline. Parmi les signataires, Pierre Nora estime que *« L'histoire n'est pas un objet juridique ».* Or, depuis 1990, la loi Gayssot réprime la négation publique de l'assassinat systématique des juifs d'Europe par les nazis et leurs complices. Depuis un quart de siècle, toute notre histoire se situe à *« l'articulation de la politique, de la loi et du regard de la loi sur l'histoire »* : reconnaissance des responsabilités de l'Etat dans la Shoah par Jacques Chirac, repentance des évêques de France, tentatives pour faire inscrire dans la loi les aspects positifs de la colonisation, pénalisation de la négation du génocide

---

[77] Philippe d'Iribarne, *L'islam ne doit pas être un projet politique, Le Monde*, 4 janvier 2014.

des Arméniens, etc.[78] Au début de son quinquennat, François Hollande avait reconnu également *« les souffrances que la colonisation a infligées au peuple algérien »*, tandis que le candidat Macron créait la polémique en 2017 en parlant d'un *« crime contre l'humanité »* à propos de la colonisation française. Il s'agit désormais d'éclairer *« l'Histoire par les lois et les lois par l'Histoire »*. Fiction juridique, elle n'est donc pas forcément une règle de droit. Par ailleurs, chacun est en mesure de vérifier que la responsabilité disparaît souvent dans les hiérarchies, *« les actions ne sont plus imputables dans ce mouvement titanesque que nul ne contrôle vraiment. Tout le monde est responsable, donc personne ne l'est »*.[79] Pour autant, *« il n'est de responsabilité que personnelle et à travers l'épreuve vécue solitairement, scandaleusement, dans la crainte et le tremblement, dont Kierkegaard nous dit qu'elle oblige l'individu, s'arrachant au règne du général, à se livrer singulièrement au vertige du vrai »*.[80]Après l'établissement du fait [*quid facti* ?] Kant fonde celui-ci en droit [*quid juris* ? Ou de quel droit ce fait ?]. Si habituellement, on revient toujours au fondement, j'ai toujours préféré la *« ligne de fuite »* deleuzienne ou *« la forme visible de ce sans-fond qui s'est substitué au fondement »*.[81] Les *« mouvements aberrants »* de Deleuze sont justement ce qui empêchent, selon David

---

[78] Marc Olivier Baruch, *Des lois indignes ? Les Historiens, la politique et le droit*, Tallandier, 2013. *« En 1972, sous Pompidou […], le gouvernement de Jacques Chaban-Delmas et son garde des Sceaux, René Pleven, ont présenté une loi insérant le délit de racisme dans la loi de 1881. La loi fut votée à l'unanimité […]. Chaban-Delmas et Pleven étaient compagnons de la Libération. Le danger du racisme ne faisait alors aucun doute pour ceux qui avaient lutté contre le nazisme. »*

[79] Nicolas Léger, *Roberto Bolaño : 2666 ou les maléfices de la mondialisation*, Revue Esprit n°400, décembre 2013.

[80] Philippe Forest, *Que peut [encore] la littérature ? La Nouvelle revue française* n°609, septembre 2014.

[81] Marie Gil, *Deleuze, ligne de fuite, Le Monde,* 21 nov. 2014.

Lapoujade,[82] toute entreprise de fondations : *« citons les mouvements du pli chez Leibniz[83][...], les contrats tordus du masochiste[84][...], l'architecture rhizomatique et les mouvements de la ritournelle de Mille Plateaux[85], ses multiplicités nomades, et enfin, écrit Deleuze, sa ligne frénétique de variation, en ruban, en spirale, en zig-zag, en S... ».[86]* En paraphrasant Karl Kraus *« la politique,* [le droit] *c'est ce qu'un homme fait pour cacher ce qu'il est et qu'il ne sait pas lui-même ».* Or la logique et l'éthique, selon Otto Weininger, *« sont fondamentalement la même chose, elles ne sont tien d'autre qu'un devoir envers soi-même ».* Cela peut - c'est une hypothèse que je soulève - être traité non seulement du point de vue des devoirs de l'individu, mais peut-être et surtout du point de vue des droits des individus, et notamment du droit à la justice. Pierre Joxe, quatre fois ministre, président de la Cour des comptes, membre du Conseil constitutionnel, tire des enseignements juridiques et politiques sur une justice française malade, souvent condamnée au niveau européen. Dans un essai *Soif de justice,* l'ancien ministre de François Mitterrand, devenu avocat, dresse notamment un constat accablant de l'état des diverses juridictions sociales. Il dénonce même une tradition esclavagiste prolongée au

---

[82] David Lapoujade, *Deleuze, les mouvements aberrants*, Edit. de Minuit, 2014.

[83] Gilles Deleuze, *Le Pli / Leibniz et le Baroque*, Edit. de Minuit, 1988. *« Pour illustrer cette question, Gilles Deleuze prend un exemple très simple, très concret, extrait du livre II des Nouveaux Essais sur l'Entendement : Je travaille, mais j'ai envie d'aller à la taverne. »*

[84] Un univers de châtiments pour des fautes non encore commises, où l'esprit juridique y noue de rigoureux contrats entre la victime et le bourreau. Gilles Deleuze, *Présentation de Sacher-Masoch / Le froid et le cruel*, Edit. de Minuit, 1967.

[85] *« Chaque thème est censé constituer un plateau, c'est-à-dire une région continue d'intensités. Le raccordement des régions se fait à la fois de proche en proche et à distance, suivant des lignes de rhizome, qui concernent les éléments de l'art, de la science et de la politique. »* Gilles Deleuze & Félix Guattari, *Mille plateaux, Capitalisme et schizophrénie*, Edit. de Minuit, 1980.

[86] Marie Gil, *Deleuze, ligne de fuite, op. cit.*

temps des colonies. Il s'agit en particulier du Conseil des prud'hommes, des tribunaux des affaires de sécurité sociale, des Commissions départementales d'aide sociale, des tribunaux du contentieux de l'incapacité, de la Cour nationale de l'incapacité et de la tarification de l'assurance des accidents du travail, de la commission des droits et de l'autonomie des personnes handicapées. Le livre de Pierre Joxe est une plongée dans un univers d'une rare complexité où se débattent les plus démunis : *« droit des pauvres, pauvres droits ».*[87] Après son précédent ouvrage sur la justice des mineurs [*Pas de quartier*], il décrypte le fonctionnement des nombreuses juridictions spécialisées qui doivent juger ces lourds contentieux dans des salles d'audience de seconde zone et parfois même dans des gymnases. Mon propre tour de France des Conseils de prud'hommes au sein de l'organisation professionnelle Allizé-Plasturgie membre de la Fédération de la Plasturgie & des Composites confirme le sous-développement de la justice sociale en France.[88] Faute de moyens ! Trois ans d'attente, ce n'est pas rare devant certaines juridictions si la partie condamnée fait appel ! A tel point que, ces dernières années, l'Etat a été lui-même condamné plusieurs fois pour retard et déni de justice. Ce problème, qui affaiblit la légitimité des tribunaux, est souligné par un

[87] Pierre Joxe, *Soif de justice, au secours des juridictions sociales*, Edit. Fayard, 2014. *« Hélas, la France est en retard par rapport à ses voisins européens. En Suisse, les tribunaux du travail sont rapides. En Belgique, les droits des requérants sont défendus au besoin par un auditeur du travail : un parquet social ! En Allemagne, des syndicalistes siègent et jugent dans les cours d'appel sociales et même jusqu'en cassation ! Pascal écrivait : Plaisante justice qu'une rivière borne. »*

[88] Membre d'une organisation professionnelle [loi du 21 mars 1884 relative à la création des syndicats professionnels], je suis en effet habilité à plaider aux prud'hommes jusqu'en appel pour le compte des adhérents. Par ailleurs, cette fois en tant qu'ancien Conseiller Prud'hommes du CPH de Lyon [section encadrement] pour un mandat de cinq ans, je peux témoigner de facteurs qui frôlaient parfois l'amateurisme, notamment dans le suivi des audiences, le respect de la procédure civile, les délibérés et la formation.

grand nombre d'avocats. Certains contestent même le système dans les traces de Jacques Vergès qui, en 1968 dans *De la stratégie judiciaire,*[89] théorise sa *« défense de rupture »*. Elle consiste à récuser la légitimité d'un Etat à juger. Ce livre inspira des générations d'avocats : *« Le but de la défense n'est pas tant de faire acquitter l'accusé que de mettre en lumière ses idées. [...] La rupture bouleverse toute la structure du procès ; au premier plan apparaît soudain la contestation brutale de l'ordre public ! ».*[90] En matière de défense politique, Vergès revendique deux méthodes : les procès de connivence [Dreyfus, Challe] ou les procès de rupture [Socrate, Jésus] et il ajoute : *« les premiers sauvaient leur tête, les seconds gagnaient leur cause. [...] Assurés de leur niveau de vie et de leur puissance de mort, les nantis, qu'ils soient conservateurs ou libéraux, ne comprennent pas toujours que la Justice, que leur Justice, est en train de perdre sa majuscule et qu'ils n'ont déjà plus le droit de s'en croire les porte-parole exclusifs ».*[91] En tant que conseil, on aime ainsi jouer le rôle de l'avocat du diable, réfléchir à haute voix et tenir des propos parfois déplacés - qu'une partie de la société peut juger inacceptables, voire qui révèlent une incompréhension fondamentale. Par ailleurs, à défaut de conviction il devient de plus en plus facile pour un justiciable de jouer la montre. A peine, le procès ouvert, l'avocat peut désormais déposer une question prioritaire de constitutionnalité [QPC] pour tenter de faire repousser l'audience. C'est le droit reconnu à toute personne qui est partie à un procès ou une instance de soutenir qu'une

---

[89] Jacques M. Vergès, *De la stratégie judiciaire*, Edit. de Minuit, 1968

[90] Cette défiance atteint même les avocats. En 1977, lors des procès des Brigades rouges, en Italie, les brigadistes avaient récusé leurs avocats qu'ils accusaient d'être les complices des magistrats et comme le bâtonnier de l'ordre des avocats de Turin Crocce leur en commit d'office, ce qu'exigeait la loi, ils le firent assassiner et revendiquèrent ce crime pour signifier ainsi leur rupture totale avec le système judiciaire.

[91] Jacques M. Vergès, *De la stratégie judiciaire*, *op. cit.*

disposition législative porte atteinte aux droits et libertés que la Constitution garantit.[92] A coups d'artifices de procédure [selon que vous serez puissant ou misérable], on peut facilement battre des records… de lenteur. Décembre 2011, l'ancien Président de la République Jacques Chirac est condamné à deux ans de prison avec sursis dans l'affaire des emplois fictifs de la ville de Paris. Plus de vingt ans après les faits. Une condamnation qui vient très [trop] tard. Dans une de ses comédies, Georges Courteline s'attache à dénoncer les lenteurs de la justice. Après trois remises et un mois de préventive, Mapipe choisit comme avocat Maître Barbemolle, qui plaide l'impatience légitime de son client *« qui en dit plus long pour sa défense que tous les arguments du monde »*. Et la séance se déroule, non sans incident : *« [Barbemolle] ... Je me bornerai à faire remarquer qu'il me sera impossible de prendre la parole d'aujourd'hui en huit ; je pars lundi pour Carcassonne où je plaide le procès Baloche. [Le Président] Fort bien, Maître. A quinzaine, alors. [L'Huissier] Je ferai remarquer à mon tour que, dans quinze jours, ce sera la semaine de la pentecôte, pendant laquelle les tribunaux ne siègent pas. [Le Président] Ah ! Diable !... [Courte réflexion.] Ma foi, messieurs, nous n'y pouvons rien. A trois semaines ! [Le juge Foy de Vaux] Non ! J'ai sollicité et obtenu du Garde des sceaux un congé de deux mois pour raisons de santé. Or, la loi frappe de nullité tout jugement rendu par un tribunal composé d'autres magistrats que ceux ayant siégé à la première audience. [Le Président] C'est rigoureusement*

[92] Si les conditions de recevabilité de la question sont réunies, il appartient au Conseil constitutionnel, saisi sur renvoi par le Conseil d'État et la Cour de cassation de se prononcer et, le cas échéant, d'abroger la disposition législative. La question prioritaire de constitutionnalité a été instaurée par la réforme constitutionnelle du 23 juillet 2008. Avant la réforme, il n'était pas possible de contester la conformité à la Constitution d'une loi déjà entrée en vigueur. Désormais, les justiciables jouissent de ce droit nouveau en application des articles 61-1 et 62 de la Constitution.

exact. Eh bien, mon cher collège, nous attendrons votre retour pour statuer sur l'affaire Mapipe. [Mapipe] Ce qui nous renvoie en août. [Le Président] Oui !... Et encore non ; je me trompe. Août, c'est l'époque des vacances. [Barbemolle] Renvoyons après vacations. » [93] Dans un procès, les juristes jouent entre eux, suivant des règles à eux. Ils se soutiennent entre eux. Nous nous adressons aux profanes avec le vocabulaire des professionnels. Et parfois même la plaidoirie devient une réalisation artistique plutôt que juridique ; ce qui y est dit [exprimé] vient après la manière dont cela est dit. C'est un concours de plaidoirie permanent. Au demeurant, vous pourriez régler n'importe quel conflit *« pourvu que vous laissiez les juristes et les comptables en dehors de cela ».*[94] Dans une plaidoirie, la puissance combinatoire de l'orateur reste inégalée : il rapproche des faits que l'on tient pour indépendants, il propose d'autres relations de *« causalité, de congruence ou de coïncidence ».* Alors, sous nos yeux, un même fait change de sens : *« de cause, il devient effet, de fondement il devient corollaire, d'essentiel il apparaît négligeable ».* [95] L'humour a même droit de cité au Palais de justice, les avocats se jouent des tours à l'humour ravageur ou potache : *« Comment l'inculpé prétend qu'il est ruiné au point de ne pouvoir indemniser ses créanciers, A qui ferait-on croire cela quand on voit l'avocat qu'il a pu s'offrir ? Réponse du confrère : A voir l'avocat que la banque s'est offert, devons-nous conclure qu'elle est insolvable ? ».*[96] Peut-être récuserons-nous l'avocat, comme nous récusons l'essayiste ou l'écrivain, il n'empêche : *« notre lecture du monde ne sera plus jamais la même puisqu'elle s'est révélée [...] une combinaison*

---

[93] Cf. *Un client sérieux,* Comédie en 1 acte de Georges Courteline.
[94] Macneil. 1963, p. 61.
[95] Frédérique Pernin, *Petite philosophie du lecteur*, Edit. Milan 2008.
[96] Richard Malka & Catherine Meurisse, *La vie de Palais, il était une fois les avocats,* Edit. Marabulles, 2014.

possible. Le romancier et le poète procèdent au même travail de réarrangement du monde. Ils bouleversent les hiérarchies. Ils illuminent des zones jusque-là laissées dans l'ombre. Ils valorisent certains détails, en négligent d'autres et surtout usent d'allégories, de métaphores, de toutes ces figures de style qui sont autant d'outils pour mettre en relation des éléments supposés éloignés par nature. [...] Etablir des liens, c'est avant tout inter legere, c'est-à-dire rendre intelligible ».[97] Or à l'entame d'une plaidoirie, chacun d'entre nous devrait faire sienne cette citation de Kürnberger : *« [...] et tout ce qu'un homme sait, tout ce qu'il n'a pas simplement entendu marmonner et crier, peut-être dit en trois mots ».* Alors Maître, il vous reste cinq minutes, il faut conclure. Ainsi pour s'être demandé ce que c'est que de suivre une règle, Wittgenstein a inspiré bien des juristes, et notamment le philosophe anglais du droit Herbert Hart.[98] Rappelons que la question de Wittgenstein est de savoir comment l'usage et la pratique du langage lui confère une dimension normative, *i.e.* comment des actes de langage engendrent des règles. Ainsi le manuscrit de Wittgenstein sur les *Remarques sur les fondements des mathématiques* comporte entre autres choses [des exemples juridiques] l'exposition de la pensée de l'auteur sur le problème de l'application d'une règle. A cet égard, le professeur Otto Pfersmann s'est efforcé de démontrer la validité d'un rapprochement entre le concept des jeux de langage et la question normative.[99] C'est que, *« la formulation des règles juridiques constitue ainsi des faits*

---

[97] Frédérique Pernin, *Petite philosophie du lecteur, op. cit.*

[98] Hart, Herbert L. A., *The Concept of Law,* Oxford UP, 1994 (traduction française, Le concept de droit, Bruxelles, Publications des facultés Saint-Louis, 2005).

[99] O. Pfersmann, *Peut-on subsumer les normes enforçables sous les concepts de jeu de langage et règle ?* in *Wittgenstein et la philosophie aujourd'hui*, coll. Epistémollogie, Paris, Méridiens Klincksieck, 1992, p. 133 et s.

de langage qui peuvent naturellement donner lieu à une interrogation sur le langage lui-même ».[100] C'est à partir du paragraphe 243 des *« Recherches philosophiques »*, que le Viennois Wittgenstein réfute l'idée d'un *« langage privé »*. Ainsi, *« s'en remettre au locuteur du langage privé pour garantir la bonne application des signes de ce dernier serait tout aussi vain que d'acheter plusieurs exemplaires du quotidien du matin pour s'assurer que la vérité y est écrite* [RP, § 265.] *»*.[101] Sabine Plaud ajoute que *« la simple idée d'une fixation du sens des mots par une définition ostensive que l'on se donnerait à soi-même s'avère donc dénuée de sens : un tel acte de baptême aurait tout aussi peu de valeur qu'un acte notarial par lequel ma main droite s'engagerait à faire une donation à ma main gauche* [RP, § 268] *»*.[102] Or pour un juriste, le choix du terme aura une conséquence primordiale et il devra veiller à employer le mot exact qui correspond parfaitement à la signification qu'il souhaite employer. Les avocats, comme nombre de juristes, tire grand avantage d'un mode d'expression particulièrement obscur ; car s'il est impossible de savoir s'ils veulent dire *« oui »* ou *« non »*, il devient alors malaisé de critiquer [de comprendre] leurs conclusions [même si le juge est dans la connivence]. Selon Freud, *« si l'on cède sur les mots, on finit par céder sur les choses »*. Mais le profane demeure exclu de ce vocabulaire : *« Il y a un langage du droit parce que le droit donne un sens particulier à certains termes. »*[103] Pire, *« chaque spécialisation dispose de son propre dialecte qui possède ainsi ses propres subtilités, même s'ils disposent d'une base linguistique*

[100] Pascal Richard, *Les apports de Wittgenstein à la réflexion comparatiste*, Revue Internationale de droit comparé, 4-2005.

[101] Sabine Plaud, *Wittgenstein*, Ellipses 2009, p.29.

[102] Sabine Plaud, *Wittgenstein*, *op. cit.*

[103] Gérard Cornu, *Linguistique juridique*, Domat Droit privé p. 20. Montchrestien -1990.

commune ».[104] Nous nous trouvons ainsi dans la situation de ces élites colonisées contraintes de traduire leur expérience dans la langue du colonisateur, pire d'une forme d'écriture marxiste *« où il n'y a plus de mots sans valeur »,* qui a finalement pour fonction de faire l'économie d'un procès : *« [...] il n'y a plus aucun sursis entre la dénomination et le jugement, et la clôture du langage est parfaite, puisque c'est finalement une valeur qui est donnée comme explication d'une autre valeur ».*[105] Dans ces conditions, autant écouter en silence, acquiescer aux ordres, s'en remettre au hasard... Entre deux paragraphes des *Mots* illustrant le refus d'une quelconque forme d'incertitude, Sartre fait l'éloge de la contingence : *« Il y a plus de vingt ans, un soir qu'il traversait la place d'Italie, Giacometti fut renversé par une auto. Blessé, la jambe tordue, dans l'évanouissement lucide où il était tombé, il ressentait une sorte de joie : Enfin, quelque chose m'arrive ! Je connais son radicalisme : il attendait le pire ; cette vie qu'il aimait au point de n'en souhaiter aucune autre, elle était bousculée, brisée peut-être par la stupide violence du hasard : donc, se disait-il, je n'étais pas fait pour sculpter, pas même pour vivre ; je n'étais fait pour rien. Ce qui l'exaltait, c'était l'ordre menaçant des causes tout à coup démasqué et de fixer sur les lumières de la ville, sur les hommes, sur son propre corps plaqué dans la boue le regard pétrifiant d'un cataclysme : pour un sculpteur, le minéral n'est jamais loin. J'admire cette volonté de tout accueillir. Si l'on aime les surprises, il faut les aimer jusque-là, jusqu'à ces rares fulgurations qui*

---

104 Lire *Introduction à la langue juridique française* / Christine Schmidt. 1ère édition - Baden-Baden : Nomos Verlag Gesellschaft [1997] ISBN 3-7890-4998-0.

105 Roland Barthes, *Le degré zéro de l'écriture, Œuvres complètes, tome 1, 1942 - 1961*, Seuil, 1993. L'auteur ajoute qu'il s'agit d'une véritable tautologie qui *« ne vise plus à fonder une explication marxiste des faits, ou une rationalité révolutionnaire des actes, mais à donner le réel sous sa forme jugée, imposant une lecture immédiate des condamnations [...] ».*

révèlent aux amateurs que la terre n'est pas faite pour eux. ». [106] Désenchantement du droit. Nous vivons dans un monde qui continuellement confond la cause avec l'effet : *« Justice retenue dans les limites de l'application de la loi, muette quant à l'interprétation de son sens, aveugle aux situations particulières et visant à une mesure faite d'équivalence dans le contexte pénal ou d'égalité au civil [...]. »*[107] Les lois internationales sont continuellement bafoués comme le suggère la plume d'Aimé Césaire : *« L'opinion mondiale, mon cher, est une vieille gâteuse, maniaque de lettres anonymes. Il est temps de lui faire comprendre, à l'opinion mondiale, qu'il y a ici un gouvernement qui gouverne, c'est-à-dire qui se fout des piailleries et des lettres anonymes ».*[108] Quant au hasard, il a été défini par André Breton comme *« la rencontre d'une causalité externe et d'une finalité interne ».* Sur l'homme lui-même et sur son passage le poète accepter de découvrir qu'il n'est est que la *« cause insignifiante ».* Le poète va d'ailleurs plus loin quand il ajoute que *« c'est seulement par la mise en évidence du rapport étroit qui lie ces deux termes, le réel, l'imaginatif,* qu'[il] espère *porter un coup nouveau à la distinction, qui* [lui] *paraît de plus en plus mal fondée, du subjectif et de l'objectif* [après l'écriture ou le message automatique, le droit automatique, Ndla]. *C'est seulement de la méditation qu'on peut faire porter sur ce rapport que je demande si l'idée de causalité ne sort pas complètement hagarde. C'est seulement, enfin, par le soulignement de la coïncidence continue, parfaite, de deux séries de faits tenues, jusqu'à nouvel ordre, pour rigoureusement indépendantes, que j'entends justifier et préconiser, toujours plus électivement, le comportement lyrique tel qu'il s'impose à tout être, ne serait-ce qu'une*

---

[106] Jean-Paul Sartre, *Les Mots*, Paris, Gallimard 1964.
[107] Pierre Bouretz, Progrès du droit, revue Le Débat, n°74, mars-avril 1993.
[108] Aimé Césaire, *Une saison au Congo*, Edit. Points, 2013.

heure durant dans l'amour et tel qu'a tenté de le systématiser, à toutes fins de divination possibles, le surréalisme ».[109] Selon Ludwig Wittgenstein *« de le subsistance ou de la non-subsistance d'un état de choses, on ne peut déduire la subsistance ou la non-subsistance d'un autre état de choses ».*[110] Dès lors, il n'est pas possible de conclure en droit qu'il existe une relation de cause à effet[111] [*Cum hoc ergo propter hoc*] : *« Une telle affirmation est lourde de conséquences, puisqu'elle conduit à conclure au caractère illusoire d'un principe de causalité qui, justement, cherche à établir des relations de nécessité entre l'existence d'un état de choses donné et celle d'un autre. Contre un tel principe, il faudra donc affirmer comme cela est fait à la fin de l'ouvrage* [le Tractatus logico-philosophicus], *que la croyance en un lien causal est un préjugé* [TLP, 5.1361] *et qu'il n'est de nécessité que logique* [TLP, 6.37] *».*[112] Il existe en effet des cas où l'action, ou même la simple situation, d'une personne lui impose de réparer certains dommages, alors même que cette personne n'a commis aucune faute. Ainsi, par souci d'équité, la société moderne a développé un vaste système de solidarité basé sur l'assurance permettant [*en toute logique*] à la victime d'un préjudice d'être indemnisée pour le tort subi. Cette logique de réparation purement financière a pour effet pervers de faire passer au second plan la recherche des causes effectives des accidents et de laisser de côté la dimension morale [et juridique] de la responsabilité. Et au principe de solidarité nationale organisée par l'Etat vient parfois se superposer

[109] André Breton, *L'Amour Fou*, Gallimard 1937.
[110] Tractatus logico-philosophicus, 2.062.
[111] A noter que la notion de cause a été supprimée par l'ordonnance du 10 février 2016, supprimée du Code civil, au motif que cette notion aurait été trop compliquée et qu'on la comprenait mal !
[112] Sabine Plaud, *Le Premier Wittgenstein : des Carnets au tractatus logico-philosophicus,* in *Lectures de Wittgenstein,* Ellipses 2012, p.28.

une logique de responsabilité des autorités publiques dans la prévention des risques majeurs. Quant aux préjugés, c'est bien connu le droit ne les craint pas, il les affronte aussi bien à l'oral que dans le texte ! Mais que reste-t-il alors de nos erreurs, de la morale et du pouvoir judiciaire ?

Plus grand-chose en somme. Désormais, le châtiment n'est plus lié au crime. C'est le jugement analytique de Kant [quand le prédicat est contenu dans le sujet], ce qui recouvre des exemples comme le chat est vert : *« on remarquera que l'inexistence notoire des chats verts n'entame en aucune façon la validité du jugement : il est analytique car autosuffisant, il ne dépend de rien ».*[113]

[113] Jean-Yves Girard, *Le fantôme de la transparence*, Edit. Allia, 2016.

Chapitre V

Le droit reconnaîtra les siens

O.J. Simpson, âgé de 61 ans, est aussi connu pour ses exploits sportifs que pour avoir été acquitté des meurtres de son ex-épouse Nicole Brown et de l'ami de celle-ci, Ron Goldman, au terme d'un procès à sensation en 1995 à Los Angeles.[114] Le paradoxe c'est que l'ancien athlète a été jugé responsable au civil de la mort des deux victimes, puis condamné à verser 33,5 millions de dollars à leurs familles. Certains commentateurs conclurent que le verdict démontrait l'impact que pouvait avoir l'argent sur le système judiciaire. L'athlète paralympique sud-africain Oscar Pistorius, entré dans l'histoire pour avoir participé aux JO de Londres avec les valides, comparaissait également en 2013 devant la justice qui l'inculpait du meurtre de sa petite amie, un crime passible de la prison à vie. Oscar Pistorius était néanmoins sorti libre du tribunal d'instance de Pretoria après avoir accepté de payer une caution d'un million de rands [85.000 euros]. Il restait inculpé du meurtre de Reeva Steenkamp, sur laquelle il avait tiré quatre balles de 9 mm aux premières heures du 14 février 2013. Cette pierre de touche cynique touche également les auteurs. Dans *Le Dîner* d'Herman Koch, le héros évoque la culpabilité de son fils en ces termes : *« Claire et moi n'avons cessé de nous dire que Michel doit poursuivre sa vie. Nous ne voulons pas lui inculquer un sentiment de culpabilité. Il est coupable, évidemment, mais il ne faut pas qu'une sans-abri allongée par terre qui*

[114] Nicole Brown et Ron Goldman avaient été retrouvés poignardés le 12 juin 1994. O.J. Simpson avait été arrêté au terme d'une course-poursuite en voiture puis acquitté alors que Los Angeles se remettait des sanglantes émeutes raciales de 1992.

barre l'accès à un distributeur devienne soudain l'incarnation de l'innocence. Or on en vient vite à un tel jugement si l'on s'en remet aux notions de droit qui prévalent dans ce pays ».[115] Pour Sven Ortoli et Michel Eltchaninoff, la manière de métamorphoser la politique en droit ou en morale est également dangereuse : *« Elle exclut, condamne, juge, et ne fait finalement qu'exciter les attitudes revanchardes, comme cela a été d'ailleurs le cas de l'Allemagne de l'entre-deux-guerres. Carl Schmitt nous dit simplement que si le droit est dirigé par les notions de juste et d'injuste, la morale par celles de bien et de mal, l'esthétique par celles de beau et de laid, la politique a ses notions directrices propres : il s'agit de celles d'ami et d'ennemi. La politique est lutte ou alliance entre corps politiques, conflit ou entente, mais elle n'a pas à être jugée à travers le prisme exclusif du droit ou de la morale. Rendre son essence propre à la politique, c'est laisser un espoir à la reconstruction et à la réconciliation. L'enchaîner aux jugements juridiques, moraux ou, pire, religieux, c'est risque d'envenimer les conflits et d'accroître leur pouvoir destructeur. A notre époque d'indistinction généralisée entre morale, droit, économique, religion et politique, qui dresse les civilisations les unes contre les autres, il faut rendre da place à la pure politique, au rapport de force qui s'oriente vers une résolution ».*[116] Qu'importe alors si la vérité est ailleurs. Comme un personnage d'Agatha Christie, il est ainsi décidé de dire toute la vérité, avec seulement *« une petite modification et une grande omission »*. Ou c'est Lucien Jerphagnon qui prie *« pour qu'un pourvoyeur de tribunaux n'allât point se faire la main sur la sincérité »* de son ami. Céline n'y a jamais cru : *« [...] J'attends !...*

[115] Herman Koch, *Le dîner*, Belfond, 2009.
[116] Sven Ortoli & Michel Eltchaninoff, *Manuel de survie dans les dîners en ville*, Seuil, oct. 2007.

Aux Assises, tenez ! traiter le Président de sous-sous-nave ! en boîte !... Le Procureur de bégayeur ! tous rivés ! leurs clous ! farfouillant le dictionnaire d'argot !... Endroits ! envers ! demandant pardon ! le Président blotti sous son Code !... Recroquevillé ! blême !... Mais la vérité est pas ça ! hélas !... Tout autre !... La Magistrature tient le bon bout... où que ce soit ! Ouganda ! Soviets !... Douzième Chambre ! le premier Quart venu !... Foi d'anar !... Cédera jamais !... Entendra jamais le marle de marle !... Pas besoin de huis clos !... Les marles de marles restent dehors ! mondains de Neuilly, barbeaux de la Villette !... Salons Louis XV ou zinc Zola... Kif ! farauds la bouclent ! ils ne savent plus rien à la dixième !... Peut-être autour des gibets ?... Non plus !... À la guillotine ?... Au poteau ?... Plutôt des mots historiques... regardez Laval... Vive la France ! ». Dans *« l'affaire Mérieux »,* au milieu des années 70 à Lyon, l'enlèvement s'était soldé par le paiement d'une énorme rançon. La police identifiera Louis Guillaud, dont le mutisme tout au long du procès justifiera le surnom de *« La Carpe ».* Ainsi au final, le crime paie. La sentence est à peine dissuasive. La peine de mort ne dissuade pas de commettre un crime selon une majorité de criminologues. Hérodote raconte l'histoire du jugement de Cambyse. Un certain Sisamnès, juge de son état, accepte de se faire corrompre. Le roi perse Cambyse II le condamne à être écorché vif. Il fait même tendre le siège sur lequel Sisamnès prenait place pour rendre la justice des bandes de peau du supplicié. Puis il ordonne au fils de Sisamnès de succéder à son père dans ses missions de juge et l'oblige à rendre la justice assis sur ledit siège, en lui conseillant de l'avoir toujours en mémoire.

Les papes Jules II et Léon X ont récupéré dans les années 1500 une manne providentielle par la vente d'indulgences : *« le cambriolage d'une église ? 9 ducats. Un meurtre ? 8 ducats. Un péché à venir ? On peut être absous d'avance. Ainsi soit-il ».*[117] Luther dénoncera la pratique de la vente d'indulgences en rémission des péchés, supposée assurer le salut des chrétiens en allégeant leurs peines au purgatoire, ces collectes servant en réalité à financer les travaux de construction de la basilique Saint-Pierre de Rome. Sans interdit, pas de transgression ! Et cependant, dans son épître aux Romains, l'apôtre Paul a raison d'écrire qu'on ne connaît le péché que par la loi. L'homme ne sait rien du mal qu'il me fait – *« [...] ou, pour le dire avec moins d'emphase, du mal qu'il me donne. L'innocent n'est-il pas inclassable donc suspect à toute société, qui ne s'y retrouve que là où elle peut classer des fautes ? ».*[118] Il faudrait, selon Kant, que le droit puisse s'appliquer aussi à un *« peuple de démons »*. Et ainsi selon Pascal, *« ne pouvant faire que ce qui est juste fût fort, on a fait que ce qui est fort fût juste »*. Selon Althusser, qui a connu la captivité au Stalag, *« L'enseignement provisoire de ce temps est contre cette espérance et que l'urgence de la force est telle qu'on n'a plus le temps de composer son habileté ».*[119] Ouvrage après ouvrage, la juriste Mireille Delmas-Party pointe du doigt les faiblesses des droits de l'homme face à la puissance des marchés ainsi que l'impuissance de la justice pénale universelle. Elle pointe la difficulté à juger les entreprises multinationales et les Etats. *« A la question : que peut le droit ? Mireille Delmas-Marty répond : résister, responsabiliser et anticiper, mais elle rappelle que cela ne peut fonctionner que si l'ensemble des acteurs politiques, économiques et sociaux se sentent concernés et s'impliquent dans l'élaboration d'une*

---

[117] Sven Ortoli & Michel Eltchaninoff, *Manuel de survie dans les dîners en ville,* Seuil, oct. 2007.
[118] Roland Barthes, *Fragments d'un discours amoureux,* Collection Tel Quel, Seuil 1977, p. 44.
[119] Louis Althusser, *Journal de captivité*, édit. Stock, 1992.

mondialisation plus humaine. »[120] Et d'ailleurs, un mensonge qui apaise, vaut sans doute mieux qu'une vérité qui détruit. Selon Bataille, on peut violer la loi de deux manières : *« Je puis la négliger, la violant par méconnaissance, c'est l'attitude du rationalisme. Mais je puis, consciemment, sans la négliger, la violer par exubérance ».* [121] Du reste, *« Plus personne n'est innocent »,* écrivait Montale en 1956 dans son poème *La primavera hitleriana* [Le printemps hitlérien], *« à propos des Florentins qui avaient accueilli au mieux avec indifférence le Führer et le Duce en visite dans leur ville ».*[122] Et que dire du cheminement idéologique de certains intellectuels de gauche, *« enfants de la liberté de conscience et de l'Etat de droit, qui en sont venus à s'instituer les défenseurs d'un obscurantisme barbare ».*[123] Pour Didier Fassin, il ne s'agit plus d'un combat entre le bien et le mal ou entre ceux qui ont raisons et ceux qui ont tort, mais davantage d'une confrontation de deux approches éthiques. Max Weber écrit que *« toute activité orientée selon l'éthique peut être subordonnée à deux maximes totalement différentes et irréductiblement opposées. D'un côté, l'éthique de conviction repose sur le principe kantien du devoir : il faut agir en fonction de principes supérieurs auxquels on croit. De l'autre, l'éthique de responsabilité relève de la philosophie conséquentialiste : il faut agir en fonction des effets concrets que l'on peut raisonnablement prévoir. [...] Lorsque les conséquences d'un acte fait par pure conviction sont fâcheuses, le partisan de cette éthique*

---

[120] Edouard Jourdain, *Librairie, Revue Esprit* n°396, juillet 2013.

[121] Georges Bataille, *La souveraineté*, Edit. Gallimard, 1976. A propos du mythe de don Juan, il écrit : *« Le Commandeur vaincrait si le meurtrier reconnaissait le crime et se repentait : il échoue puisqu'il ne peut faire que le violateur de la loi avoue son tort ».*

[122] Eugenio Scalfari, *Bienvenue chez les barbares, La Repubblica*, 5 av. 2007.

[123] Philippe Val, *Malaise dans l'inculture*, Edit. Grasset, 2015.

n'attribuera pas la responsabilité à l'agent, mais au monde, à la sottise des hommes ou à la volonté de Dieu qui a créé les hommes ainsi. Au contraire, le partisan de l'éthique de responsabilité comptera avec les défaillances communes de l'homme et il estimera ne pas pouvoir se décharger sur les autres des conséquences de sa propre action pour autant qu'il aura pu les prévoir. »[124] C'est le règne de la loi de *« Mariolle »* ou des deux poids deux mesures ! Jacques Derrida, le penseur de la déconstruction, remet en cause les oppositions philosophiques traditionnelles : entre la présence et l'absence, le dedans et le dehors, avec lui les contraires s'imbriquent. *« Par exemple, vous pouvez déconstruire Batman par rapport au méchant Joker en soulignant qu'un type qui se balade la nuit dans un costume en latex en remuant des souvenirs morbides est un héros moins cool que le clown psychopathe et asexué qui lui sert d'adversaire. Plus politique, invoquez – en anglais of course -, la célèbre déconstruction du président Bill Clinton devant le grand jury de l'affaire Monica Lewinsky. Question : l'affirmation There is no sex of any kind est-elle correcte ? Réponse : It dépends on what the meaning of the word is is. On ne saurait mieux dire ».*[125] Dans la comédie [à l'italienne], *Les Monstres* de Dino Risi, un témoin volontaire, un brave homme, témoigne dans un procès criminel et voit les plus petits détails de sa vie privée révélés au grand jour par l'avocat de la défense et se retire humilié. *« Jugement des morts, dans la procession des damnés, toujours un Roi, un Evêque »*, écrit Althusser. Si la décision en appel au procès Kerviel [condamné le 24 octobre 2012 à trois ans de prison ferme et 4,9 milliards d'euros de dommages et intérêts pour une

---

124 Didier Fassin, *Charlie : éthique de conviction contre éthique de responsabilité*, *Libération*, 19 janv. 2015.

125 Sven Ortoli & Michel Eltchaninoff, *Manuel de survie dans les dîners en ville*, Seuil, oct. 2007.

perte record début 2008] confirme l'entière et seule responsabilité du trader, en 2008, la Commission bancaire sanctionne la Société Générale pour *« carences graves du système de contrôle interne, dépassant la répétition de simples défaillances individuelles [...] »* et admet *« que ces carences ont rendu possible le développement de la fraude et ses graves conséquences financières ».* Faites le calcul : cette condamnation a valu à la banque une sanction pécuniaire de 4 millions d'euros et un *« blâme ».* Quant au trader Jérôme Kerviel, il a été condamné à trois ans de prison ferme et 4,9 milliards d'euros de dommages et intérêts. Puisqu'il était là, qu'on l'avait sous la main, il payerait pour la fièvre spéculative des banques, *« [...] pour le Roi, sa Dronin, pour le pacte anti-Komminform ! le Frikorps ! [leur L.V.F. !]... je tombais !... un beurre !... je rachetais tout !... toutes les taches !... le sang sur les clefs... anti-Macbeth !... ».*[126] L'opinion publique considère l'application de la règle à géométrie variable, et la justice asservie à l'émotion et à l'opinion. En 2010, la Commission européenne avait infligé une lourde amende de 518 millions d'euros à 17 producteurs d'acier pour avoir mis en place une entente illégale pendant dix-huit ans. Selon la Commission, les entreprises concernées avaient fixé des quotas et des prix individuels sur des aciers de précontrainte, utilisés avec le béton pour réaliser des fondations sur les chantiers. Mais ArcelorMittal avait obtenu à l'époque une nette réduction de son amende, face au risque que cette sanction faisait peser sur l'emploi... *« La décennie qui s'achève a vu se déliter les dispositifs de prévention et de répression de la corruption, comme si les exigences de probité et d'égalité de tous devant la loi s'étaient dissoutes dans la crise. »* Ainsi s'exprimait le juge Jean-Michel Gentil, dans une tribune publiée dans *Le*

---

[126] L.-F. Céline, *D'un Château l'autre. « Martyr sans le sou a droit peau de balle ! »*

Monde, le 28 juin 2012, cosignée au total par 82 magistrats. Autant laver son linge sale en famille *« Vois ce qu'exige selon toi la justice et agis en conséquence. Mais ne donne jamais tes raisons ; car ton jugement sera probablement juste mais tes raisons certainement fausses. »*, écrit William Murray. A cet égard, la *« diya »* est un terme coranique qui désigne *« le prix du sang »*. Il s'agit d'une compensation financière expiatoire que doit payer l'auteur d'un homicide à la famille de la victime, ou à ses ayants-droit selon la religion musulmane. Le montant d'une *« diya »* arrêté du temps du Prophète s'élève à cent têtes de chameaux pour la vie d'un homme, cinquante pour celle d'une femme. Désormais le barème s'établit en riyals, au risque d'engendrer de nombreuses dérives pour se faire facilement de l'argent. *« Autant dire qu'il vaut mieux écraser une domestique indienne adepte de Shiva et de ses avatars plutôt qu'un quelconque employé de base saoudien disciple d'Allah. Et qu'il y a peu de chance pour que la famille d'un mécréant touche quelque chose... »*.[127] Et que dire de ces épisodes à rebondissement multiple dans les successions, de ces tristes feuilletons d'héritage qui voient *« la ruée des ayants droit !... illico, la foule !... la bête morte vous voyez surgir, grouiller, foncer !... de ces mandibules !... ayants droit... tous ! avec papier, sans papiers... cachets, tampons, cires ! sans !... de tous les métros, il en sort !... et crocodiles avec larmes !... sans larmes !... de ces dentures !... tous ayants droit »*.[128] Les rebondissements de *« l'affaire Bettencourt »* [et ces abus de faiblesse] ne cessent d'alimenter les gazettes et au-delà du déballage médiatique auquel elle a donné lieu, la succession se fait dans la douleur chez l'Oréal, tout en encombrant l'espace judiciaire. 2012 : une tragédie chasse

[127] Patrick Chesnet, *Arabie Saoudite, La peine de mort a aussi sa côte boursière, Charlie Hebdo* n°1143, 14 mai 2014.
[128] Louis-Ferdinand Céline, *D'un Château l'autre.*

l'autre et commence une nouvelle foire d'empoigne dans la famille *« élargie »* du présentateur télé Jean-Luc Delarue. Il est vrai que *« les rapports d'un être qui désire et d'un être qui se défend prennent le plus souvent un aspect juridique ; certains cœurs, certains corps ne s'acquièrent qu'après d'interminables procès ».* [129] Le patrimoine de la douleur. En 2014, la proposition d'un divorce sans juge devient le tremplin d'une *« justice collaborative »*, avec des juristes formés aux techniques de négociation et de la médiation. Choisir le droit collaboratif c'est sortir de la pression du temps judiciaire.[130] Un module s'ouvre aussitôt dans l'Ecole de formation des barreaux. Le rapport Delmas-Goyon déposé en décembre 2013 à Madame le Garde des Sceaux dans le cadre de la réflexion sur la justice du XXIème siècle décrit le processus collaboratif comme la forme *« la plus achevée de recherche d'une solution amiable d'un conflit »* et conclut que son développement mérite d'être encouragé. En parallèle, les sites Internet d'aide aux démarches juridiques pour les particuliers sont attaqués sans relâche. Ainsi, *« Demanderjustice.com. »* créé en 2012 par deux diplômés d'école de commerce suscite l'ire de la profession d'avocat. Depuis sa création, il a aidé 300 000 personnes à défendre leurs droits devant la justice de proximité. Les avocats y voient un exercice illégal de leur profession mais ont été déboutés par la justice lors de toutes les procédures. *« Une erreur devient une faute si l'on refuse de la corriger. Quatre ans après le lancement des premières procédures contre Demander Justice, il est grand temps pour la profession d'avocat de faire son*

[129] Roger Vailland, *325 000 francs*, Edit. Buchet / Chastel, 2003.
[130] La Commission Guinchard a commencé à s'intéresser à ce mode alternatif de règlement des conflits en 2008, lorsqu'elle a été instituée et s'en est largement inspirée dans ses recommandations. Le droit collaboratif [collaborative law] a été créé dans les années 90 par un avocat du Minnesota, Stuart Webb.

aggiornamento et d'entrer dans le XXIème siècle », considèrent pour leur part, Jeremy Oinino et Léonard Sellem, les deux co-fondateurs.[131]

Delà à proclamer une forme d' *« ubérisation »* des professions du droit, il n'y a qu'un pas.

---

[131] *« On oublie trop souvent que le principe est celui du libre accès au juge, le ministère de l'avocat est l'exception »,* rappelle Maître Jérémie Assous, qui défendait les deux deux sites aux côtés de Maître Thierry Lévy.

Chapitre VI

Trop de droit tue le droit

Le droit, qui prend toujours plus de place dans la vie sociale, rebute par sa technicité. Coauteur avec le Professeur Antoine Lyon-Caen d'un essai, *Le Travail et la Loi,*[132] Robert Badinter devient en 2015 l'avocat d'un allègement du Code du travail, d'une complexité indéfendable. Il prend ainsi l'exemple des CDD dans le code qui compte uniquement pour la partie législative, 35 pages. Il milite par ailleurs pour un recours massif à l'informatique et souhaite que soient élaborés, après accord entre les partenaires sociaux, des modèles de contrats d'embauche qui seront à la disposition des salariés et des employeurs sur le site des directions régionales du travail. Dans *Les Echos* du 24 juin 2015, Jean-Emmanuel Ray lui emboîte le pas : *« En droit du travail, l'alternance politique signe l'alternance du droit. Le droit du travail étant un puissant marqueur politique, chaque alternance produit - en France - une marée législative de modifications des textes en vigueur. Alors simplifions la simplification et commençons par limiter les flux, avant de s'attaquer aux stocks. En rappelant au législateur que, en application de l'article 34 de la Constitution [La loi détermine les principes fondamentaux du droit du travail], il n'a pas à se comporter en chef de bureau en descendant dans le moindre détail ».*[133] Depuis fin 2015, plusieurs

---

[132] Robert Badinter et Antoine Lyon-Caen, *Le Travail et la Loi,* juin 2015, Fayard.

[133] Jean-Emmanuel Ray, *Simplification du droit du travail : on avance. Continuons, Les Echos,* 24 juin 2015. *« Le juge français s'estime souvent être le seul vrai défenseur de l'intérêt général. Ainsi du contentieux sur le forfait jours des cadres. Alors que ce système est plébiscité par ses bénéficiaires, dix*

juristes travaillent même à la rédaction d'un *« code du travail alternatif »* [pour un autre code du travail GR-Pact] sous la houlette du professeur Emmanuel Dockès. L'ouvrage de moins de 400 pages édité chez Dalloz en mars 2017 *« divise par quatre le volume des textes qu'il remplace »,* devenus *« illisibles ».* Le droit du travail se rapportent à la loi comme le buvard à l'encre : il en est totalement imbibé. Mais s'il ne tient qu'au buvard, il ne reste rien de ce qui est écrit dans les réformes. Aussi, il est temps de révolutionner ledit code en faisant prédominer l'accord d'entreprise sur la loi. Comment ? En donnant par exemple la priorité à l'accord d'entreprise sur la loi qui ne devrait être productrice de normes qu'à titre subsidiaire. Toutefois, si on considère que le Code du travail a un rôle de défense des salariés, il fixe également des règles concurrentielles à peu près égales entre les entreprises en les soumettant aux mêmes obligations sociales : *« Il y aurait une distorsion de concurrence totale entre une entreprise qui serait parvenue à un accord interne et une autre qui aurait échoué et resterait donc soumise à la loi ».*[134] Las, l'utopie n'est que le nom donné aux réformes du Code du travail dans notre pays : avec le nouvel échec de la loi El Khomri, en 2016, la France ne sait pas [ne peut pas?] réformer son droit du travail. Autre signe des temps, l'*« ubérisation »* de l'économie fait des ravages. Et les plateformes collaboratives s'accommodent souvent mal des règles juridiques qu'elles considèrent comme manquant par trop de souplesse et peu en phase avec les valeurs d'entraide et de convivialité dont elles se veulent

---

conventions collectives de branche étendues sur douze ont fait depuis deux ans l'objet d'une censure par la Cour de cassation. Comme le décrit le rapport du Club des juristes, ces annulations peuvent avoir des effets cataclysmiques sur des centaines de milliers de cadres, alors rétroactivement revenus aux 35 heures. »

[134] Jean-Christophe Chanut, *Quand des avocats prônent un droit du travail alternatif, Les Echos,* 11 fév. 2015.

les championnes. De ce point de vue, le cadre juridique doit évoluer pour mieux s'adapter à ce nouveau modèle économique. « *Uber* » a créé en effet un nouveau modèle de travail, où les individus apporteurs de services accèdent aux clients via une plateforme numérique. L'*« uberisation »* de pans entiers de l'économie traditionnelle fait-elle, comme certains le redoutent, peser une menace sur le salariat ? La question mérite d'être posée. Le modèle de l'économie collaborative repose sur une relation tripartite entre la plateforme numérique, le particulier *apporteur de services* et le particulier *« client »*, le site mettant ces deux derniers en relation. La relation entre ces trois acteurs est exclusive de toute relation de salariat. En d'autres termes, le particulier apporteur de services n'est pas le salarié du site collaboratif, pas plus qu'il n'est celui du particulier *« client »*. En ce sens, le site doit laisser le particulier apporteur de services gérer son service au client comme il l'entend. Le client, pour sa part, doit éviter de donner des instructions trop précises au particulier apporteur de services. Or, l'économie collaborative peut avoir pour effet de détruire de l'emploi si elle s'exonère de tout cadre légal, l'apporteur de services exerçant dans un tel cas son activité sans immatriculation au registre du commerce ou au registre des métiers et sans déclarer les sommes qu'il perçoit de son activité. Cela engendre alors des distorsions de concurrence à l'égard de ceux qui respectent la loi, comme nous l'ont rappelé le conflit entre taxis et VTC d'un côté et chauffeurs « *UberPOP* » de l'autre. D'ailleurs, le modèle économique d'« *Uber* » est déjà remis en cause : la justice californienne ayant considéré que ses chauffeurs étaient en réalité des salariés. [135] Alors, le droit tuerait-il

[135] En mars 2015, Barbara Berwick, chauffeur Uber, avait saisi la justice californienne pour que la plateforme de VTC lui rembourse des dépenses d'assurance et de péage. L'américaine a obtenu gain de cause, et reçu 4 000 dollars de l'entreprise.

dans l'œuf cette économie émergente ? Une étude[136] réalisée par *Day One* et Bruno Deffains, professeur d'économie à l'Institut universitaire de France et université Paris-II, démontre au contraire que le droit est un élément essentiel de la croissance économique et se pose en facteur important de compétitivité des entreprises. C'est une arme stratégique qui pèse en 2015 près de 24 milliards d'euros. Ainsi, le poids de l'activité juridique est considérable et sans surprise on trouve aux avant-postes : les juristes d'entreprise, fiscalistes, secrétaires des conseils d'administration, juristes achats, *« contract managers »,* et tous ceux qui les épaulent, les avocats, mandataires judiciaires et autres juges consulaires [plus un nombre grandissant de spécialistes, comme les experts-comptables, qui exercent le droit à titre accessoire, sans compter les professionnels des tribunaux, établissement d'enseignement supérieur et hautes instances, etc.]. Elle révèle également les disparités existant en Europe quant au nombre de professionnels du droit par habitants. Si on comptait, en 2013, 271 avocats allemands pour 100 000 habitants, la France ne comptait que 112 avocats et juristes. Il arrive même que la loi qui entend doter les entreprises françaises des leviers leur permettant de faire face aux nouvelles modalités de la vie économique, se mue en instrument concurrentiel, voire en outil de prédation. Mireille Delmas-Marty dénonce à la fois la transformation de l'Etat social en Etat marchand, la mise en concurrence des systèmes de droit : *« [...] si les exclusions sociales s'aggravent malgré la prospérité économique, c'est que la contradiction entre les enjeux économiques et financiers et les enjeux sociaux est*

136 Lire *Poids de l'industrie du droit* / http://www.cercle-montesquieu.fr/global/gene/link.php?doc_id=425&fg=1 L'étude révèle que l'industrie du droit représente un chiffre d'affaires de 24 milliards € et 243 000 emplois directs. Ces chiffres placent le marché du droit à un niveau équivalent au secteur du transport aérien ou de la publicité et des études de marché.

renforcée par une mondialisation juridique qui dissocie le droit du marché du droit social et favorise une culture du marché, neutralisant par avance les initiatives nationales ».[137] Outre la difficulté à juger les entreprises multinationales et les Etats, elle dénonce le *« law shopping »* encouragée par la Banque mondiale et la jurisprudence communautaire. Il faut dire également que le droit européen, résultat de compromis laborieux, est souvent difficile à traduire dans chaque législation. Selon Maitre Luc-Marie Augagneur, *« la théorie économique, et en particulier les travaux successifs de Coase [1937], Arrow [1969] et Williamson, montrent en effet depuis assez longtemps que le prix réel d'une prestation sur le marché doit prendre en compte les coûts générés par la formation et l'exécution du contrat ».*[138] Ainsi, l'excès de la loi serait contre-productif. En effet, *« une réglementation qui serait inutilement contraignante serait de nature à augmenter les coûts de transaction et à accentuer l'effet du forum shopping ».*[139] A Bruxelles, la direction de la concurrence est peu à peu passée sous le contrôle de la direction juridique qui n'a qu'un objectif : éviter d'être condamnée par la Cour de justice de l'Union européenne pour non-respect de la concurrence. *« Au fil des ans, une jurisprudence excessivement contraignante*

---

137 Mireille Delmas-Marty, *Résister, responsabiliser, anticiper ou comment humaniser la mondialisation,* Paris, Le Seuil, coll. Débats, 2013, p.50.

138 Luc-Marie Augagneur, *Quelle réforme pour la sous-traitance ?* Revue Lamy droit des affaires n°54, nov. 2010, p. 37. Voir également les travaux de R. Coase, *The nature of the firm* ; K. Arrow, *Classificatory Notes on the Production and Transmission of Technological Knowledge* ; et Williamson, prix nobel d'économie 2009 : http://groups.haas.berkeley.edu/bpp/oew. A propos des conséquences de l'incertitude et la complexité des difficultés d'exécution du contrat, mais aussi de l'asymétrie de l'information et la rationalité limitée des parties et tiers au contrat, lire M. Fares, S. Saussier, *Théorie des coûts de transaction versus théorie des contrats incomplets – quelles divergences ?* Rev. Française d'Economie, 2ème / 3ème trim. 2001.

139 Luc-Marie Augagneur, *Quelle réforme pour la sous-traitance ?* Revue Lamy droit des affaires n°54, nov. 2010, p. 38.

s'est construite. Pour M. Gallois, elle interdirait aujourd'hui de lancer un projet comme Airbus. »[140]

Il conviendrait également de *« délivrer l'homo aeconomicus des lois qui l'enchaînent pour s'en remettre au libre jeu des contrats ».*[141] A cet égard, les revirements judiciaires inattendus alimentent un sentiment de confusion dans un monde où les acteurs internationaux recherche toujours davantage de stabilité. Or, *« l'économie, dès lors qu'elle fait appel à l'échange, est d'abord une affaire de crédit et donc de croyance juridique ; la généralisation du libre-échange la fait reposer tout entière sur des fictions juridiques, telles que la personne morale, ou encore la propriété – translative – du crédit, c'est-à-dire la propriété d'une croyance ».*[142] Certes, il faut bien consentir et notamment *« à conclure un contrat, mais nous le rompons. Tout contrat doit être rompu. Quand nous avons signé un contrat, nous devons le rompre. Les contrats sont mortels. [...] Ou nous n'en signons aucun, ou si nous les avons signés, ils doivent être rompus par nous. L'humanité tout entière est tenue par des contrats et est étouffée par ces contrats ».*[143] Il n'est pas nécessaire d'insister outre mesure sur l'extraordinaire essor du non-droit dans les relations commerciales internationales et le contrat sans loi. A cet égard, le

---

[140] Jean-Michel Quatrepoint, *L'Europe en retard d'une guerre industrielle, Le Monde diplomatique*, juin 2017.

[141] *Cf. La fonctions anthropologique du droit,* entretien avec Alain Supiot, revue Esprit *Entre la loi et le contrat,* Fév. 2001, p. 155. A noter qu'en 2016, la Deutsche Bank, première banque allemande, annonçait une perte de 7 milliards pour 2015, à cause notamment de multiples malversations et plus de 6 000 procès en cours qui lui ont coûté la bagatelle d'au moins 12 milliards d'euros de frais juridique depuis 2010.

[142] *Cf. La fonctions anthropologique du droit,* entretien avec Alain Supiot, revue Esprit *Entre la loi et le contrat,* Fév. 2001, p. 154. Dans le même article, l'auteur ajoute notamment que le droit du travail cadre mal *« avec l'analyse marxiste et/ou libérale selon laquelle le droit ne serait qu'un instrument au service de l'économie ».*

[143] Thomas Bernhard, *Déjeuner chez Wittgenstein.*

phénomène de la globalisation des marchés est porteur d'une *« aspiration commune »* à la nécessité de dépasser le pluralisme des ordres juridiques étatiques. Ainsi, *« l'efficience du droit dans la mondialisation révèle la prise de conscience par les entreprises que le droit n'est plus facteur de sécurité, mais génère au contraire de l'incertitude pour les entreprises dans la mesure où elles doivent chercher à concilier leurs contrats et leurs objectifs économiques avec des environnements juridiques hétérogènes et que la juxtaposition de systèmes juridiques distincts devient un véritable handicap ».*[144] Il n'est nullement acquis que le contrat [au demeurant la loi des parties] trouve grâce à la formule prétorienne qui semble fonder un *« pouvoir de réfaction »* de certaines de ses clauses

Dans le rapport *« Doing business »* [système d'évaluation et de classification des systèmes juridiques], la France est passée du 26e rang en 2011, au 29e en 2012, au 34e en 2013.[145] Les conclusions sont sans appel : le système légicentriste français, de droit écrit, réformant à tour de bras, serait peu efficient. Un système jurisprudentiel et réaliste tel que celui des pays de *« common law »* serait mieux adapté. Il ne faut donc pas s'étonner de la perte d'influence du droit français. Ni une ni deux, malgré les critiques formulées à l'encontre de ces méthodes d'évaluation, le droit français se laisse peu à peu séduire par les sirènes de l'analyse économique. Preuve supplémentaire, le projet de loi relatif à la modernisation et à la simplification du droit, présenté en novembre 2013

---

[144] Eric Loquin, *Où en est la lex mercatoria, Souveraineté étatique et marchés internationaux à la fin du 20ème siècle,* Litec, 2000.

[145] L'objet de ce programme est d'analyser et d'évaluer chaque année l'environnement juridique dans lequel les entreprises exercent leurs activités. Voir http://www.doingbusiness.org/~/media/GIAWB/Doing%20Business/Documents/Annual-Reports/English/DB13-full-report.pdf

par la garde des Sceaux, contient un article habilitant le gouvernement à modifier le Titre III du Livre III du Code civil. Rien de moins. Cette réforme [véritable Arlésienne] porte sur ce qui constitue le *« cœur de notre droit »*, dans la mesure où les 280 articles qui composent le fondement de nos contrats restaient inchangés depuis le Code Napoléon, *« comme s'ils pouvaient toujours résister à cette action du temps dont Portalis estimait qu'elle obligeait à se préserver de la dangereuse ambition de vouloir tout régler et tout prévoir ».*[146] Dès lors, ajoute le professeur Nicolas Molfessis, *« comment ne pas regretter que cette réforme, si essentielle, échappe au Parlement pour se faire par voie d'ordonnances ? A la chancellerie, on dit que c'est ça ou rien, tant on pense le Parlement incapable de réaliser une réforme homogène et cohérente. C'est dire ce qu'est devenue notre loi ».*[147] Certes, il faudrait considérer le droit *sub specie aeternitatis [« sous la forme de l'éternité* »] selon la formule utilisée par Spinoza. Mais depuis, la constitutionnalisation du principe de Précaution en 2004, l'aversion au risque dans toute la sphère du droit est devenue maximale. Or, *« la propagation du principe de Précaution déséquilibre ce curseur* [entre la sécurité et l'insécurité] *au bénéfice d'un appétit excessif voire irrationnel de protection, elle institutionnalise politiquement et sanctuarise la vertu sécuritaire, elle pave une judiciarisation délétère, elle autorise subrepticement ladite société à retirer à l'individu la responsabilité et le droit de décider, pour lui et pour les autres. Peut-être prépare-t-il une civilisation*

---

[146] Nicolas Molfessis, *La réforme du droit des contrats enfin en marche, Les Echos*, 18/12/2013. En définitive, le droit des contrats a été réformé par l'ordonnance du 10 février 2016.

[147] Nicolas Molfessis, *La réforme du droit des contrats enfin en marche, op. cit.*

de déresponsabilisation ».[148] Le neuropsychiatre Boris Cyrulnik enfonce le clou en précisant que *« Pasteur, qui injecta un vaccin sans enquête préalable sur un enfant mordu par un chien, fut en son temps un héros ; aujourd'hui, il serait incarcéré, au nom de la faute médicale ».*[149]

Il arrive qu'un texte de loi se révèle en grande partie inutile, alors même qu'il est souvent le précurseur essentiel d'un changement de pratiques et, fait plus important, peut catalyser de nouvelles façons d'envisager le problème. Prenons l'exemple de l' *« obsolescence programmée »*, qui se définit largement par l'ensemble des techniques par lesquelles un metteur sur le marché vise à réduire délibérément la durée de vie d'un produit pour en augmenter le taux de remplacement. Or depuis la loi n° 2015-992 du 17 août 2015 relative à la transition énergétique pour la croissance verte, une entreprise qui met délibérément en œuvre des procédés réduisant la durée de vie d'un produit pour inciter les consommateurs à le racheter encourt de lourdes sanctions pénales. En pratique, la difficulté réside dans le fait de prouver que le fabricant a sciemment réduit la durée de vie de l'équipement, dans la mesure où le consommateur devra faire expertiser l'équipement pour prouver que pendant l'utilisation normale de l'appareil, il y a eu un défaut. Toutefois, si la preuve est difficile à apporter, les associations de consommateurs ou de protection de l'environnement peuvent néanmoins déclencher des actions de groupe ou *« class action »* à la française, même si aucune action lancée sur le fondement de ce nouveau délit, aucun recours pénal articulé sur ce moyen juridique, n'ont été engagés plus de 3 ans après le vote de la loi. En

[148] Denis Lafay, *Le risque, c'est la vie,* revue Acteurs de l'économie n°109, novembre 2012, p.3.
[149] Denis Lafay, *Le risque, c'est la vie, op. cit.*

parallèle, un mouvement général plus ancien visant à augmenter la durée de vie des produits [extension des durées de garanties, introduite en France via la loi Hamon de 2014] change la donne, alors que dans le même temps de plus en plus d'industriels se dirigent vers des modèles de produits durables et réparables [à l'instar du groupe Seb] en substituant au maximum l'usage à la possession. En effet, si un fabricant vous loue un produit au lieu de vous le vendre, son intérêt sera qu'il marche le plus longtemps possible. Ces pratiques sont déjà usuelles dans le business to business [B2B], et notamment avec Xerox louant ses photocopieurs ou Michelin ses pneus pour les flottes de camions. Aussi, sans aller jusqu'à faire l'économie du droit, il est peut-être temps d'aborder le règlement des conflits d'une manière nouvelle et notamment en accordant *« autant d'importance à l'empathie qu'à l'équité »,* selon les vœux de Jeremy Rifkin qui prend l'exemple du concept traditionnel de *« justice rétributive »* consistant à inclure l'idée de réconciliation et visant à rétablir les relations entre ceux qui ont commis des crimes et leurs victimes au lieu de se limiter à seulement châtier les coupables.[150]

[150] Jeremy Rifkin, *Une nouvelle conscience pour un monde en crise. Vers une civilisation de l'empathie,* Edit. Les liens qui libèrent, 2011

Chapitre VII

Comment faire l'économie du droit ?

Comment en finir à la fois avec cette absence de risque et le *« French Law Bashing » ?* Si chacun convient que notre droit des contrats n'est plus parfaitement adapté aux réalités économiques et sociales, pour autant, *« Constitution civile des Français »* pour Jean Carbonnier, le Code civil a contribué *« à diffuser une même culture juridique continentale dans les principaux pays d'Europe [à l'exception notable du Royaume-Uni], au Proche-Orient, dans une grande partie de l'Afrique, en Amérique latine et même en Asie. Dans le contexte actuel de globalisation des échanges, ce terreau juridique commun de la civil law est un atout majeur pour tous les juristes français et, en particulier, pour Paris, devenue l'une des principales places de droit au monde. Le Quai d'Orsay en a pris - récemment - conscience, plaçant notre système juridique au cœur des enjeux de la nouvelle diplomatie économique française : le droit est un vecteur essentiel de rayonnement d'un pays ».* [151] Reste que, inchangés, ou presque, depuis 1804, le droit français est victime d'un *« French Law Bashing en règle depuis le rapport Doing Business de 2003 qui illustre une autre difficulté, celle de la place du droit français des contrats dans la logique de concurrence des droits, lorsqu'il s'agit de choisir un système juridique comme modèle dans un pays donné ou de choisir la loi applicable dans un contrat*

[151] Philippe Dupichot et Pierre-Olivier Sur, *L'indispensable refonte du droit des contrats est en marche, Les Echos*, le 16 juillet 2015.

international ».[152] Le gouvernement ne peut pas traiter le Code civil comme s'il s'agissait de l'argenterie de Versailles qu'il aurait à brader. Le mal est plus profond. Nous cherchons trop souvent des réponses simples à des questions complexes et nous hésitons du même coup entre deux solutions de facilité : au-delà de la recherche d'un bouc émissaire, la tentation consiste à se tourner vers l'Etat tout-puissant en lui demandant d'agir pour venir corriger les excès de l'économie de marché, voire qu'il intervienne tel un *« arbitre éclairé »* pour sanctionner les fautifs et nous remette sur le droit chemin. Or l'Etat ne peut pas tout, à moins de sombrer dans une forme de protectionnisme, et il ne peut guère s'opposer aux lois du marché. Souvent son action législative s'avère même contre-productive : *« Depuis la fin des années 1990, les gouvernements successifs ont multiplié les lois Galland, Dutreil, Chatel et les amendements Hamon ou Macron pour peser sur les relations entre producteurs, distributeurs et transformateurs. Il a fallu tour à tour soutenir le pouvoir d'achat, aider les PME, freiner les distributeurs ou favoriser l'emploi industriel. Une inflation législative et autant d'injonctions contradictoires qui, sur la durée, ont fini par décrédibiliser une puissance publique qui trop souvent refuse de s'interroger sur sa véritable utilité ».* [153] Si le droit est partout, en définitive il est nulle part. Dans l'essai *Le temps des juristes*[154], Paul Lignières démontre combien le droit apporte un éclairage utile aux défis d'une France et plus largement d'une Europe qui n'a pas adapté son logiciel aux défis de la mondialisation : *« En décrivant l'héritage historique [culpabilité et universalisme] et les*

---

[152] Daniel Mainguy, *La réforme du droit des contrats et des obligations en 2015 !* http://www.daniel-mainguy.fr/article-la-reforme-du-droit-des-contrats-et-des-obligations-en-2014-122087833.html

[153] David Barroux, *Crise agricole, crise de l'Etat, Les Echos,* 2 mars 2016.

[154] Paul Lignières, *Le Temps des juristes, contribution juridique à la croissance européenne*, LexisNexis, 2012.

notions et mécanismes juridiques qui ont construit l'Union [libre concurrence, libéralisation, ouverture des frontières], il explique pourquoi l'Europe se trouve aujourd'hui démunie face à la mondialisation. [...] Comment l'Europe en est arrivée à soumettre ses entreprises aux normes les plus strictes, sans en exiger le respect de la part des entreprises non européennes ».[155] En effet, Bruxelles prône une logique libérale à marche forcée, empreinte d'*« angélisme et de naïveté »* dans ses relations avec les autres continents. Mais la puissance publique peut également être ébranlés par l'*« influence de plus en plus marquée de juridictions supranationales ou par l'intervention d'institutions internationales, comme par exemple la Banque Mondiale, US Aid, la Commission européenne, etc. dans les processus nationaux de réformes de la justice dans plusieurs régions du monde. Comme en témoigne un mouvement international de recherche, la justice est au centre de préoccupations de sciences sociales quand est mis au jour un processus dit de judiciarisation du politique, c'est-à-dire ce qui serait une tendance lourde de déplacement du pouvoir du Législatif, de l'Exécutif vers le judiciaire. Ce déplacement se manifesterait par un rôle croissant des cours suprêmes dans ce qui relève du fonctionnement politique, par des interventions de plus en plus fréquentes des juridictions dans des domaines faisant l'objet de politiques publiques [protection sociale, environnement, relations professionnelles, etc.] ou sur des questions portant sur les*

---

[155] Yann Queinnec, *Le temps des juristes !* 11 avril 2013 / http://archives.lesechos.fr/archives/cercle/2013/04/11/cercle_70118.htm
« L'auteur rappelle en effet que dépourvue de pouvoirs de police, d'armée ou du droit de prélever l'impôt, l'Europe est avant tout une fille du droit, forgée par des décennies de traités, directives, règlements et la jurisprudence de ses deux Cours de justice. »

droits fondamentaux ».[156] Ainsi, dans un éditorial en forme de vœux pour 2015, l'avocat Daniel Hurstel convoque les esprits éclairés du droit à réfléchir au plus vite sur l'évolution des pratiques du monde des affaires et l'action des juristes sur l'impact de l'activité économique sur la Société. Et le constat n'est pas tendre : *« Nous avons regardé passivement mais en réalité avec complicité la doctrine économique s'éloigner du droit et se donner des apparences de discipline scientifique »*, ajoutant même que l'*« influence du droit sur les questions sociales d'ordre économique s'est ainsi fortement amoindrie ».*[157] Au demeurant dans le même temps, la science économique dominante, dite libérale, est de plus en plus caricaturée. Désormais, à qui veut défendre la science économique,[158] on oppose la célèbre formule de John Kenneth Galbraith : *« La seule utilité de la prévision en économie est de rendre l'astrologie respectable ».* De là à ce que nous ne pouvions plus rien dire d'utile, il n'y a qu'un pas.[159] D'aucuns s'essaient néanmoins au contre-pied en posant à la fois la question d'une nécessaire

---

[156] Jacques Commaille, *Droit et sociologie des rapports au risque de l'Histoire*, juin 2008 / http://www.asmp.fr/travaux/communications/2008/commaille.htm.

[157] Daniel Hurstel, *Cent numéros et un vœu : remettre le projet d'entreprise au cœur du droit des affaires, Revue Lamy droit des affaires* n°100, janv. 2015. Voir également du même auteur, *Le bon message d'Emmanuel Macron à l'entreprise, Les Echos.fr,* 9 déc. 2014. *« On parle beaucoup en ce moment de la réussite des sociétés sous contrôle familial ; la raison en est que le projet d'entreprise du fondateur reste premier dans les décisions sociales de ses héritiers. La poursuite du projet du fondateur dans le long terme est un élément essentiel de la réussite du capitalisme rhénan comme l'est l'association aux grandes décisions de syndicats responsables. C'est aussi la caractéristique des Google, Facebook, ou encore LinkedIn ou Twitter, qui sont contrôlés et animés par leurs fondateurs et qui lèvent du capital sans lâcher des droits de vote, se donnant ainsi la capacité de poursuivre leurs projets d'entreprise. »*

[158] Hans-Werner Sinn, *Il faut défendre la science économique, La Tribune*, 21 janv. 2015.

[159] Martin Wolf, *Conseil d'un économiste aux astrologues, Le Nouvel économiste*, 14 janv. 2015.

[ré]orientation de l'économie, face aux excès de la financiarisation, et celle de la finalité des sociétés commerciales. L'un, le philosophe politique Michael Sandel, s'inquiète de la dérive des lois du marché et s'interroge sur les moyens de se préserver de l'effet corrosif de l'argent.[160] Autrement dit : y a-t-il des choses que l'argent ne devrait pas pouvoir acheter ? Et s'*« il vous fallait débourser une cinquantaine d'euros par mois pour obtenir le numéro de téléphone portable personnel de votre médecin, consentiriez-vous à le faire ? Accepteriez-vous de louer votre front à un annonceur publicitaire qui vous paierait environ 700 euros pour y faire tatouer temporairement un slogan à la gloire de telle ou telle entreprise ? ».*[161] L'auteur regrette ainsi l'influence grandissante de l'économie sur des domaines sociaux comme la santé, l'éducation ou l'environnement, qui aboutit à l'éviction de *« valeurs non marchandes »* qui mériteraient pourtant d'être conservées : *« le marché et l'argent influent désormais sur des domaines de la vie autrefois régis par des normes non marchandes ».*[162] Maître Augagneur illustre cet enjeu à partir d'une bande dessinée :[163] *« Alors que Calvin vient d'ouvrir sur la rue*

---

[160] Michael Sandel, *What money can't buy. The moral limits of market*, Farrar, Straus and Giroux, New York, 2012, 244 p. Traduction française : *Ce que l'argent ne saurait acheter, les limites morales du marché*, traduit par Christian Cler, préface de J.-P. Dupuy, éditions du Seuil, octobre 2014.

[161] Hicham-Stéphane Afeissa et Nonfiction, *Y a-t-il des choses que l'argent ne devrait pas pouvoir acheter ? Slate.fr*, 14 oct. 2014.

[162] Olivier Cléach, *Michael J. Sandel, Ce que l'argent ne saurait acheter*, Lectures [En ligne], Les comptes rendus, 2014, mis en ligne le 18 décembre 2014, consulté le 26 janvier 2015. URL : http://lectures.revues.org/16481.

[163] Luc-Marie Augagneur, *La pensée juridique de Calvin & Hobbes*, http://blog.jmga.fr/la-pensee-juridique-de-calvin-hobbes/ *« Au-delà de ces figures tutélaires, on s'amuse surtout des planches qui mettent en scène le droit et la justice. Par exemple, cet épisode où Calvin refuse de sortir les poubelles en déclarant solennellement qu'il a le droit de faire ce qu'il veut, tout le temps. Se heurtant au refus net de son père, il se ravise : Cela devrait certes êtres un droit. Cette illustration de l'impuissance de la revendication face à la force de l'autorité renvoie indiscutablement à l'une des questions les*

un stand de vente de limonade à 15$ le verre, sa jeune voisine Susie Derkins s'étonne du prix et s'interroge sur ce qui le justifie. La loi de l'offre et de la demande, rétorque Calvin, qui paraît ainsi placer le débat dans un cadre de rationalité économique libérale. Susie observe pourtant, en se référant à la rue déserte qu'il n'y a pourtant aucune demande. Calvin ne se démonte pas : en tant qu'actionnaire unique, je demande des profits monstrueux sur mon investissement. Puis devant l'étonnement de Susie constatant que la limonade est faite d'eau sale, Calvin poursuit : je dois économiser si je veux rester compétitif. – Et si je tombe malade ? objecte Susie. Calvin pousse à son paroxysme la logique ultra-libérale qui le conduit à justifier un si mauvais produit à ce prix exorbitant : seul l'acheteur est responsable ; ce serait beaucoup plus cher si je devais respecter toutes les réglementations sur la santé et l'environnement. Susie s'en allant, Calvin indigné fustige une attitude anti-emploi et antiéconomique avant de demander des subventions à sa mère ». La journaliste canadienne Naomi Klein,[164] quant à elle, estime que *« le mouvement social »* a seul le pouvoir d'impulser un changement de modèle économique. Elle dénonce tour à tour les privatisations, la dérégulation et les politiques d'austérité qui ont un impact direct sur l'environnement. Le monde a laissé au marché le soin de régler la question climatique, mais que peut le capitalisme financier face au réchauffement

---

plus classiques de la philosophie du droit. La confrontation du juste et du fort y apparaît ici sous un jour à la fois dérisoire et commun, au demeurant susceptible de plusieurs niveaux et sens de lecture ».

[164] Représentante de l'altermondialisation grâce à son best-seller *No Logo* paru en 2000, Naomi Klein écrit notamment : *« Nous étions trop occupés à analyser les images projetées sur le mur pour remarquer que le mur même avait été vendu. [...] Peu importe leur choix de tactique juridique, les fabricants de ces produits symboliques envoient tous le même message incroyablement contradictoire : nous voulons que nos marques soient l'air que vous respirez - mais ne songez même pas à l'expirer ».*

climatique ?[165] Quant à l'historien Noah Harari, il explique [sans rire] que les chasseurs-cueilleurs vivaient mieux et que nous ne devons pas laisser l'avenir aux forces du marché. Selon le principe que la fiction est la construction humaine suprême : *« Les sociétés à responsabilité limitée, écrit-il, sont parmi les inventions les plus ingénieuses de l'humanité, mais elles existent comme un produit de notre imagination collective, même si nous y sommes tellement habitués que nous l'oublions. Considérant que l'existence de l'entreprise humaine dépend de la chance de son propriétaire-fondateur, la grande entreprise, ou corporation moderne [de corpus pour le corps, nous rappelle Yuval Noah Harari] a une durée de vie propre grâce à notre croyance collective dans la fiction du code juridique. [...] Si le XXème siècle a voulu réduire les écarts entre les gens, le XXIème en créera de nouveaux. Ce qui me préoccupe, c'est que nous sommes potentiellement confrontés à la plus grande révolution non seulement dans l'histoire mais en biologie, et les gens laissent tout simplement les forces du marché déterminer quoi en faire ».*[166] Enfin, Lynn Stout s'attarde sur la *« supériorité »* de l'actionnaire. Dans son travail sur la théorie de la *« maximisation »,* elle dénonce le comportement insouciant et irresponsable des entreprises considérant que seule la valeur actionnariale domine le monde des affaires. Le bon objectif de la gouvernance d'entreprise est de maximiser la richesse des actionnaires. Ce dogme entraîne administrateurs et dirigeants à gérer des entreprises publiques avec une attention sans relâche

---

[165] *This Changes Everything : Capitalism vs the Climate* est sorti mi-septembre aux Etats-Unis et dans plusieurs pays anglo-saxons. L'ouvrage devrait être disponible en France au printemps 2015, aux éditions Actes Sud.
[166] Yuval Noah Harari, *Une brève histoire de Sapiens, depuis Tel Aviv, Le Nouvel économiste*, 19 sept. 2014.

sur l'augmentation du cours des actions.[167] Pour en revenir à Daniel Hurstel, il déplore notamment que l'article 1832 du Code civil dispose que son but est le partage des bénéfices par les actionnaires : *« La société est instituée par deux ou plusieurs personnes qui conviennent par un contrat d'affecter à une entreprise commune des biens ou leur industrie en vue de partager le bénéfice ou de profiter de l'économie qui pourra en résulter [...] »,* il n'en ressort aucune référence à un quelconque *« projet d'entreprise ».* Il regrette dans le même temps que la plupart des théoriciens sur la question de l'économie de marché et de la finalité des sociétés commerciales soient des économistes, les juristes – à quelques exceptions près -, ayant abandonnés la partie.[168] *« Surely, corporate managers themselves, who must operate within the broader law of business, are aware of the legally imposed duties to protect workers, consumers, and larger communities. Perhaps it is time corporate lawyers caught up to this reality. Ces propos du professeur Winkler illustrent une certaine perception du droit des sociétés – et, plus globalement, de la construction juridique touchant à la sphère économico-financière – qui voit [encore aujourd'hui] dans la structure sociétaire une machine à cash flow destiné à servir un objectif purement économique détaché de toute préoccupation sociétale. Force est de constater que cette vision d'origine anglo-*

[167] Lynn Stout, *The Shareholder Value Myth: How Putting Shareholders First Harms Investors, Corporations, and the Public*, Berrett-Koehler Publishers, mai 2012. Dans un célèbre article du New York Times, Milton Friedman prétendait que pour un chef d'entreprise, toute autre motivation que la maximisation du profit serait soit immorale soit anti-économique. Milton Friedman, *The Social Responsibility of Business is to Increase its Profits, The New York Times Magazine*, September 13, 1970.

[168] Daniel Hurstel, C*ent numéros et un vœu : remettre le projet d'entreprise au cœur du droit des affaires, op. cit. « [...] Ils sont surtout accaparés par des efforts toujours infructueux sur la réforme technique de la corporate governance qui n'a évité aucune crise et qui à chaque nouvelle réforme renforce encore le poids de l'actionnaire. »*

américaine a contaminé les pays industrialisés. Il suffit de comparer les développements juridiques des vingt dernières années en Amérique du Nord, en Europe ou encore, en Australie, pour se rendre compte de l'importance accordée à la satisfaction de l'intérêt des actionnaires », écrit Ivan Tchotourian.[169] Ainsi l'école de Chicago a même érigé cette approche autour de la valeur actionnariale en idéologie : les actionnaires sont les créanciers résiduels supportant le risque de la société et leurs intérêts doivent donc être placés au premier plan. Timidement, en 2015 la loi Macron contenait dans sa version originelle, une [discrète] innovation sociale majeure qui inscrivait la Responsabilité sociétale des entreprises [RSE] dans le code ADN des entreprises. En effet, la version du projet de loi *« croissance et activité »* intégrait dans son article 83, la modification de l'article 1833 du Code civil, relatif à l'intérêt social de l'entreprise. Aux dispositions actuelles [*« Toute société doit avoir un objet licite et être constituée dans l'intérêt commun des associés »*], le projet de loi proposait d'ajouter : l'entreprise *« doit être gérée au mieux de son intérêt supérieur, dans le respect de l'intérêt général économique, social et environnemental. »* Toutefois cette modification a disparu de la version présentée lors du conseil des ministres du 10 décembre 2014. Si elle avait été retenue, gageons qu'elle aurait renforcé juridiquement la responsabilité sociétale de l'entreprise en l'intégrant dans le génome de l'*« affectio societatis ».* Ainsi, en se référant à l'intérêt général économique, social et environnemental, c'est le concept de développement durable qui aurait fait son entrée dans le Code civil : l'intérêt social allant au-delà des seuls contractants et des seuls intérêts économiques car il intègre des

[169] Ivan Tchotourian, *Shareholders et Stakeholders, mots et valeurs, contreligne.eu, nov. 2012*

considérations non économiques, et fait de l'entreprise un dépositaire privilégié de l'intérêt général. Pour certains chroniqueurs, elle aurait même confirmé un changement d'état d'esprit en recouvrant des virtualités juridiques sans précédent dans la continuité des apports de la norme ISO 26000[170] : *« Il ne faut pas oublier que l'article 1833 du Code civil est le poumon des structures sociales. Il en est l'épine dorsale. La conception que l'on a de l'intérêt social donne le ton et affiche la couleur. Cette couleur est celle de la responsabilité sociétale des entreprises. Les entreprises ne fonctionnent pas en vase clos et ne sont pas renfermées sur les seuls enjeux économiques. Et pour le dire le législateur entend y mettre les formes car l'inscription des données sociales et environnementales se fait au sein de cet écrin précieux qu'est le Code civil. Cette sacralisation de la responsabilité sociétale des entreprises pourrait faire naître de nombreux espoirs. S'agissant d'une directive adressée aux entreprises, elle deviendrait une norme de référence juridiquement consacrée par la loi à partir de laquelle leur comportement pourra être apprécié. Ce référent permettrait d'apprécier l'existence ou non d'une faute ».*[171] Et à ce titre, cette nouvelle définition viendrait en complément du futur *« devoir de vigilance », « due diligence »,* que souhaiterait également consacrer le législateur ouvrant la voie à une future responsabilité des sociétés mères pour les actes dommageables causés par leur filiale : *« Ce devoir de vigilance constitue, au sens de la norme ISO 26000, une démarche globale, proactive d'identification, visant à éviter et atténuer les impacts négatifs sociaux, environnementaux et économiques, réels*

---

[170] Norme ISO 26000 sur la responsabilité sociétale : http://www.iso.org/iso/fr/catalogue_detail?csnumber=42546.

[171] Mustapha Mekki, *Le projet Macron et le nouvel article 1833 du Code civil : quand la force du droit vient de la force des mots*, dalloz-etudiant.fr, 1er déc. 2014.

et potentiels, qui résultent des décisions et activités d'une organisation sur tout le cycle de vie d'un de ses projets ou activités [§ 2.4]. Cette norme de référence de l'article 1833 du Code civil serait également le point d'ancrage de la notion de sphère d'influence. Le paragraphe 2.19 de la norme ISO 26000 définit la sphère d'influence comme la portée/ampleur des relations politiques, contractuelles, économiques ou autres à travers lesquelles une organisation a la capacité d'influer sur les décisions ou les activités de personnes ou d'autres organisations. Parmi les instruments d'une telle sphère d'influence le contrat occupe une place de choix [§ 7.3.3.2 Norme ISO 26000]. »[172] Patrick d'Humières, Président de l'Institut RSE, qualifie toutefois cette initiative de *« révolution juridique par effraction »,* en regrettant que les organisations concernées n'aient pas été consultées. Malgré tout, il se félicite de cette proposition : *« C'est une reconnaissance pure et simple de la dimension RSE de la gouvernance demandée, et l'affirmation pour la première fois de la part substantielle des autres parties prenantes dans l'intérêt social de l'entreprise. Bien plus, c'est d'une certaine façon la reconnaissance d'un intérêt collectif supérieur au seul intérêt des associés ! ».*[173] Toutefois, il ajoute qu'il faudra veiller à ce *« qu'elles soient vraiment incitatives, et non impératives [nb: La RSE n'est pas de la quasi-loi mais une liberté d'entreprise], consensuelles et co-construites, insérées dans le jeu économique français pour qu'on sorte enfin de la liturgie des académiques de la RSE qui appellent à une entreprise mythique de leurs souhaits qui n'a rien à voir avec le tissu industriel réel, confronté à des dissensus, des concurrences et des contraintes qui minent sa compétitivité, et qui ne sont pas*

---

[172] Mustapha Mekki, *Le projet Macron et le nouvel article 1833 du Code civil : quand la force du droit vient de la force des mots, op. cit.*

[173] Patrick d'Humières, *Une révolution juridique... par effraction ! reporting-rse.com*, 24 nov. 2014.

affaire de bonne ou mauvaise volonté mais de co-régulation partagée complexe des enjeux collectifs durables ! [...] En tout cas, dire [enfin] que la gouvernance doit s'inscrire dans une vision d'intérêt général, économique, social et environnemental est certainement le cadre d'avenir de l'entreprise, objet de longues discussions juridiques en Europe depuis des décennies, notamment en Allemagne [où l'on répète couramment que l'entreprise n'est pas que l'affaire de ses actionnaires...] mais c'est une vision qui doit procéder d'un consensus sociétal explicite, si on veut qu'elle corresponde à un cadre de gestion approprié. La responsabilité sociétale, on ne le répétera jamais assez, ne peut être une extension soft d'obligations illimitées ; elle n'est que le choix par l'entreprise de prendre en compte ses enjeux d'intérêt général pour en faire un levier de sa croissance et le faire reconnaître. C'est un élargissement de l'affectio societatis aux autres parties prenantes, voulu par les associés ».[174] Adossée aux idées et réalités de *« compliance »*[175] ou encore de *« due diligence »*[176], certains veulent même croire que la RSE va désormais participer activement à la naissance de l'entreprise moderne : *« La Responsabilité Sociale des Entreprises quitte progressivement sa robe de concept pour enfiler celle de réalité juridique. Souhaitons qu'elle devienne*

[174] Patrick d'Humières, *Une révolution juridique... par effraction ! op. cit.*

[175] La *« compliance »* désigne le respect de toutes les dispositions législatives et réglementaires au sein des politiques d'entreprises, ainsi que la gouvernance et les dispositifs mis en place pour s'assurer de ce respect. Ainsi la *« compliance »* constitue un cercle vertueux favorisant la minimisation des risques juridiques et l'atteinte d'engagements éthiques.

[176] Lors d'un développement à l'international, il est notamment important de se renseigner sur les *« coutumes d'affaires »*. En effet, la loi interdit explicitement un certain nombre de comportements. Cependant il existe dans toutes législations *des « zones grises »,* qui correspondent à de la législation officieuse et ne pas connaître la loi ne suffit pas à se protéger. L'ignorance délibérée [deliberate ignorance] ou wilful blindness [cécité volontaire] peuvent être retenue à l'encontre d'une personne.

également un axiome ».[177] Car, pour Martin Richer, « *le droit français ignore presque complètement sauf dans quelques recoins peu fréquentés, notamment dans le droit de la concurrence – la notion d'entreprise. Il ne connaît que la notion de société [Code du commerce] et celle d'employeur [Code du travail]. La RSE vient se glisser dans cet angle mort pour proposer un élargissement de l'intérêt social à d'autres parties prenantes que les seuls actionnaires. Ces derniers possèdent des fragments [matérialisés par des actions] de la société mais l'entreprise, en tant que projet porté par un groupe humain, n'appartient pas à ses seuls actionnaires. C'est cet interstice entre société et entreprise, qui propulse l'évolution de la shareholder value [porteurs de parts] vers la stakeholder value [porteurs d'enjeux] ».* [178]

---

[177] Julien Girard, *Et si l'intérêt social d'une entreprise devenait sociétal, blog.huglo-lepage.com*, 11 déc. 2014.
[178] Martin Richer, *RSE et création de valeur : quel rôle pour le dirigeant ? managementrse.blogspot.fr,* 11 déc. 2014.

Chapitre VIII

Le droit dans tous ses états

Le sentiment d'injustice face aux épreuves de la vie entrave notre capacité à tirer les leçons de l'expérience, comme ce petit poussin noir, Caliméro, qui s'exclame à chaque mésaventure : *« C'est vraiment trop injuste »*. Du reste, le droit est désormais aux mains des sociologues. Georges Ripert déclarait dans *Les forces créatrices du droit* : *« la responsabilité [du déclin du droit] doit être imputée surtout aux sociologues. Eliminant toute conception métaphysique, attentifs à tous les modes de vie, réduisant la morale à la science des mœurs et l'économie à l'histoire des crises, ils ont dénoncé le statisme du droit pour défendre l'idée d'une évolution nécessaire. Pour l'affirmer, ils ont éclairé ce qui change et caché ce qui demeure. Les juristes n'ont péché que par faiblesse »*. [179] Les sociologues contemporains se sont désintéressés du droit et le droit est ainsi demeuré *« le parent pauvre »* de la sociologie contemporaine. Or la question de la production du droit constitue *« une illustration privilégiée de l'avènement d'un régime de Raison non plus essentialiste mais procédural comme l'est la fabrique [...] d'un droit non plus expression d'une volonté supérieure mais produit de constructions sociales, institutionnelles et politiques multiples et, éventuellement,*

---

[179] Jacques Commaille, *Droit et sociologie des rapports au risque de l'Histoire,* juin 2008 / http://www.asmp.fr/travaux/communications/2008/commaille.htm. *« Sans revenir à Montesquieu et à L'Esprit des lois, faut-il rappeler que des auteurs tels que Karl Marx, Alexis de Tocqueville, Max Weber, Emile Durkheim, Gabriel Tarde ou Edward Ross étaient vivement conscients de la place centrale occupée par le droit et les professionnels du droit dans la structuration de la vie sociale. »*

contradictoires. [...] C'est ainsi que sont mis en valeur des mouvements sociaux, des acteurs sociaux et politiques, des opérateurs économiques qui se saisissent de la ressource juridique pour promouvoir leur cause notamment par le recours à l'arène judiciaire démontrant ainsi que les usages du droit et de la justice constituent de plus en plus fréquemment des éléments importants du répertoire de l'action collective ».[180] A cet égard, la victimisation est devenue l'objet de toutes les attentions, le pouvoir exécutif est allé jusqu'à se réinventer le pouvoir de *« guérir les écrouelles ».* Les rois de France avaient, depuis le Moyen-Âge, le don de guérir cette maladie en touchant la partie malade. Aujourd'hui, pour accroître ses chances d'être entendu, il faut absolument se poser en victime. Une large médiatisation attribue un pouvoir des victimes sur la société. Au moins, un certain nombre de mesures vont dans le bon sens à l'initiative du secrétariat d'Etat chargé de l'aide aux victimes. En 2017, un rapport d'experts avait recommandé que *le « préjudice d'angoisse »* soit reconnu pour les victimes d'attentats, vivantes ou décédées, tout comme le *« préjudice d'attente »* pour leurs proches. Le fonds de garantie des victimes d'actes de terrorisme et d'autres infractions [FGTI] n'a toutefois pas tranché les modalités d'éligibilité et d'indemnisations. La justice protège la société, même si elle entend désormais la victime, ce qui évite de devoir parfois trouver un coupable. [181] En 2007, l'association *« Aide aux Parents d'Enfants Victimes »* demande : *« la réforme de la procédure de déclaration d'irresponsabilité pénale, en*

---

[180] Jacques Commaille, *Droit et sociologie des rapports au risque de l'Histoire, op. cit.* L'auteur ajoute qu' *« une telle évolution des représentations sociales du droit explique que l'intérêt de la sociologie soit effectivement tourné vers des processus qui font du droit moins une référence - celle du Law in books -, qu'une ressource dans les rapports sociaux et les rapports politiques ».*

[181] La victime a été institutionnalisée en 2004 avec le secrétariat d'État au droit des victimes.

application de l'article 122.1, afin de désigner officiellement, après un débat contradictoire, l'auteur d'un crime ou d'un délit, de lever la présomption d'innocence, et alors seulement de déclarer l'irresponsabilité pénale ; en application de l'article 122.1, afin de désigner officiellement, après un débat contradictoire, l'auteur d'un crime ou d'un délit, de lever la présomption d'innocence, et alors seulement de déclarer l'irresponsabilité pénale ; l'instauration d'un droit d'appel des décisions de cours d'assises pour la partie civile comme c'est déjà le cas pour la défense et le ministère public, y compris en cas d'acquittement, afin de rétablir un juste équilibre entre le droit des victimes et le droit des criminels et des délinquants ». Les quarante réformes du système judiciaire depuis 1980 auraient pour origine *l'émotion* compassionnelle. Ainsi, *« après avoir ignoré les victimes et bafoué leur mémoire, la société s'adonne au victimisme. Cette compassion forme une richesse humaine mais est un écueil en matière de gouvernement des masses. Elle remet en cause la justice républicaine, construit des communautarismes agressifs et exonère les politiques de l'accomplissement de la promesse faite ».*[182] Selon Guillaume Erner *« la souffrance n'a plus à être expliquée, nuancée ou contredite. Le témoignage, dramatique et orchestré, permet de mettre la réalité en second plan, voire de la déformer, jusqu'à condamner de manière expéditive [affaire Alègre en 2003 ; procès d'Outreau en 1997*[183]*]. La pitié suffit, notamment si la souffrance correspond à un interdit social majeur [inceste, pédophilie, maltraitance sur mineur], relayé par une*

---

[182] Guillaume Erner, *La société des victimes*, La Découverte, 2006, 223 p.

[183] Outre la fièvre médiatique de ces deux affaires, comment éviter *« que l'innocence meurtrie ne devienne l'innocence meurtrière »*, selon la formule de Maître Hubert Delarue ?

institution ».[184] Alors la justice devient expéditive et pour peu qu'elle se trompe, elle n'a pas *« la culture de l'excuse »* comme l'écrit Maître Dupond-Moretti. Au cœur de la société, les procès se terminent bien souvent sur une impression d'inachevé. Car comme le rappelle l'avocat François-Xavier Charvet, *« la vérité n'est pas un événement. Or, c'est aujourd'hui l'événement qui prime ! Mais, la calomnie n'est jamais le prix qu'il faut payer pour trouver la vérité ».*[185] Dans le même temps, notre système se consacre à écrire des textes de loi sur tout et sur rien. Le résultat en est une fuite en avant dans la banqueroute budgétaire et l'inflation des textes, procurant un *« faux sentiment de sécurité et une déresponsabilisation générale ».* Dès lors, comment établir un *« seuil d'intervention législative »,* quand le législateur se trouve bruyamment sollicité de légiférer ? A grands coups de sondage [quasi plébiscitaire] les tendances de l'opinion publique font désormais les lois de la République, et ce malgré le caractère contradictoire des diverses demandes de réforme. Réaction d'autant plus compréhensible en période préélectorale, les Parlementaires ne restent pas insensibles à ces mouvements, qui n'ont souvent rien d'un raz de marée, et multiplient alors les propositions de loi. Or, il nous semble que si l'objectif est bien de corriger le droit existant pour ou contre les changements envisagés], ses défauts doivent être évoqués dans leur contexte juridique, plutôt que dans l'atmosphère des mœurs. Reste que par le jeu des

---

[184] Guillaume Erner, *La société des victimes, op. cit. « [...] De fausses victimes apparaissent afin de ressentir la valorisation sociale due à leur statut [fausse agression antisémite du RER D en juillet 2004 ; vie imaginaire du Prix Nobel de la paix de 1992 Rigoberta Menchù] et que, d'autre part, Le pouvoir politique cherche à s'en servir [faux massacre de Timisoara en 1989 pour justifier la révolution roumaine, fausse dévastation d'une maternité koweïtienne en 1990 pour justifier la première guerre du Golfe] ».*

[185] Matthieu Aron, *Les grandes plaidoiries des ténors du barreau,* Edit. Pocket, 2010.

amendements, l'obstruction parlementaire [dépôt de milliers d'amendements identiques, rappels au règlement incessants, demandes de suspension de séance en cascade, etc.] est également un sport très prisé à l'Assemblée qui vise à retarder le plus possible l'adoption d'une loi. Le record absolu appartient à la gauche et ses 212 449 amendements [!?] déposés pendant la seconde présidence de Jacques Chirac [projet de loi relatif au secteur de l'énergie à l'automne 2006].[186] Le 19 mars 2013, en donnant raison à l'employée licenciée par la crèche Baby-Loup, à Chanteloup-les-Vignes, pour avoir refusé d'ôter son voile, la Cour de cassation viole un principe constitutionnel : le principe de laïcité [article premier de la Constitution qui ne vaudrait désormais que pour le service public].[187]

Il en va de même dans la lutte contre le terrorisme. Les textes ont souvent été pris en réaction à des événements qui ont frappé la France et heurté les consciences [c'est suite à l'affaire Merah que le législateur, par la loi du 21 décembre 2012, a permis de sanctionner des ressortissants français qui se rendaient à l'étranger pour y suivre des travaux d'endoctrinement ou pour y intégrer des camps d'entraînement, alors même qu'ils n'auraient pas commis d'actes répréhensibles sur le territoire français].[188] Certains considèrent que cette

---

[186] En 1953 le sénateur Wayne Morse tenta d'empêcher l'adoption d'une loi pétrolière par un interminable discours de 22 heures et 26 minutes. La technique utilisée était la lecture de l'annuaire téléphonique [voir le film *Mr. Smith au Sénat*].

[187] Peu avant la lecture de l'arrêt Baby Loup, la Cour de cassation a livré une décision en sens contraire dans une autre affaire de port du voile au travail, mais dans le cadre d'une *« mission de service public »*. En l'occurrence, elle a confirmé le licenciement d'une employée de la Caisse primaire d'assurance-maladie de Seine-Saint-Denis qui portait un foulard islamique sur son lieu de travail.

[188] La participation de ressortissants français à des assassinats commis au nom du soi-disant État islamique a conduit le législateur – loi du 13 novembre 2014 – à intervenir et à réprimer la participation au *« jihad »*.

multiplication de textes constitue un aveu d'impuissance face au phénomène terroriste que l'État s' *« épuise à appréhender »*. En France, après le choc des attentats du mois de janvier 2015, des régimes dérogatoires sont aussitôt réclamés : ceux de 1995 avaient déjà donné lieu à l'association de malfaiteur terroriste ; ceux de 2001 permis de s'armer contre le financement du terrorisme. Les attaques à Paris le 13 novembre 2015 et les assassinats en une soirée de 130 personnes conduisent à l'Etat d'urgence, le contrôle des frontières, le débat autour de la déchéance de nationalité, une procédure pénale renforcée : autant de mesures politiquement incorrectes au nom des principes, voire impossible à appliquer, au regard du droit, deviennent nécessaire ou envisageables. Ainsi l'état d'urgence est proclamé, autrement dit la réduction de l'Etat de droit, la restriction des libertés publiques au profit de l'autorité administrative [multiplication des assignations à résidence, perquisitions sans autorisation d'un juge, etc.]. Un nouvel arsenal législatif, avec une réforme constitutionnelle sur l'état de siège, est aussitôt programmé. Ces réformes de circonstances adoptées sous le coup de l'émotion survivent le plus souvent à l'événement qui les a justifiées. La *« guerre au terrorisme »* est entrée dans le droit positif aux Etats-Unis sept semaines après le 11-Septembre, par une résolution du Congrès. Elle consacre notamment *« la notion d'ennemis combattants illégaux »,* des personnes qui ne bénéficient ni des garanties du droit pénal, parce que ce sont des ennemis, ni de celles des prisonniers de guerre, parce que ce sont des combattants illégaux. A cet égard, le *« Patriot Act »* [acronyme de *« Uniting and Strengthening America by Providing Appropriate Tools Required to Intercept and Obstruct Terrorism Act »*] est une loi antiterroriste votée par le Congrès américain le 26 octobre 2001, en réaction aux attaques du 11-Septembre. Il a été voté pour renforcer les pouvoirs des agences gouvernementales américaines dans la lutte contre le terrorisme, que ce soit en matière de surveillance ou de procédure judiciaire. Même si le *« Patriot Act »* était à l'origine une loi d'exception, dont les dispositions devaient durer seulement quatre ans. Après un long débat parlementaire de décembre 2005 à mars 2006, le Congrès et le Sénat américains ont finalement approuvé un texte reconduisant les mesures antiterroristes du *« Patriot Act »*. Ainsi, les statuts de combattant ennemi et de combattant illégal, sont toujours utilisés pour maintenir en détention, sans procès, de nombreuses personnes à *« Guantanamo »* [centre de détention militaire de haute sécurité]. Or, *« rien de pire, pour le droit, que ces moments d'intense unanimité, que cette vague d'émotion qui submerge la raison. [...] Le code pénal a les plus grandes difficultés à revenir en arrière. Les mesures exceptionnelles prises en temps de crise s'ancrent à jamais dans les textes : peu à peu, les procédures dérogatoires prennent le pas sur le droit commun. [...] Le rôle du juge est marginalisé : c'est la guerre. Avec le Patriot Act, instauré par l'ordonnance du 13 novembre 2001, des commissions militaires deviennent des juridictions, et malgré la résistance de la Cour suprême, transgressent ouvertement le droit international. Les prisonniers de Guantanamo sont retenus et torturés à Cuba au seul gré des services américains, en marge de toutes les garanties minimales du droit américain ; l'ombre de ce droit d'exception est portée jusqu'en Europe, qui accepte d'accueillir des centres d'interrogatoire clandestins. La NSA, au nom de l'antiterrorisme, met en place un gigantesque réseau d'espionnage, qui s'étend jusqu'au téléphone d'Angela Merkel. Le Patriot Act, voté théoriquement pour quatre ans, a été prolongée deux fois, jusqu'en 2015 ».*[189] Dans le

[189] Jacques Follorou et Franck Johannès, *La tentation d'un « Patriot Act » à la*

même temps, les révélations d'Edward Snowden concernant le programme américain *« PRISM »* de surveillance électronique et de collecte massifs de données sans aucun lien avec des affaires de terrorisme ont confirmé les violations de la vie privée que peut entraîner le *« Patriot Act »*. La justice devient sans appel ! Face à la nouvelle menace terrorisme, l'illusion du risque zéro a fait long feu depuis l'*« affaire Klass »*. En effet, l'arrêt de référence de la Cour européenne en matière de mises sous surveillance par la police est l'affaire *« Klaas et autres c. Allemagne »*, qui remonte à 1978. Cette affaire avait permis à la Cour européenne des droits de l'homme [CEDH] d'examiner la légalité de méthodes de renseignement dans un contexte de « *progrès techniques réalisés en matière d'espionnage et parallèlement de surveillance [et] en second lieu, le développement du terrorisme en Europe au cours des dernières années* ». Tout en reconnaissant aux États un *« certain pouvoir discrétionnaire »* dans l'élaboration des lois sur le renseignement, elle prévenait que les pays adhérant à la Convention européenne *« ne disposent pas pour autant d'une latitude illimitée »*, car elle était « *consciente du danger, inhérent à pareille loi, de saper, voire de détruire, la démocratie au motif de la défendre* ». La CEDH avait validé la loi de l'Allemagne de l'ouest, après avoir vérifié « *l'existence de garanties adéquates et suffisantes contre les abus* ». Pour juger que la loi allemande était conforme à l'article 8 de la Convention qui protège la vie privée, la Cour avait constaté que la surveillance proposée ne pouvait concerner que : « l*es seuls cas où des indices permettent de soupçonner quelqu'un de projeter, accomplir ou avoir accompli certaines infractions graves* ; *si l'établissement des faits d'une autre manière est voué à l'échec ou considérablement entravé* ; *la surveillance ne*

française, Le Monde, 12 janv. 2015.

concerne que le suspect lui-même ou les personnes présumées avoir des contacts avec lui ». En résumé, « *la législation incriminée n'autorise pas une surveillance dite exploratoire ou générale* ».[190]

En définitive, si le droit d'exception ne doit pas devenir la règle [le terrorisme étant incriminé par le code pénal français, ainsi que le crime contre l'humanité], on ne peut plus raisonner avec des outils antérieurs à la mondialisation, qui postulent des Etats souverains et un droit international de type interétatique. *« De ce point de vue, le terrorisme pose la même question que le réchauffement climatique : qui est le gardien de la Terre face aux dérèglements climatiques ? Qui est le gardien d'une paix durable face au terrorisme global ? Comment adapter la gouvernance mondiale afin de garantir l'intérêt mondial d'une terre habitable ? Un nouveau cadre juridique international est nécessaire pour assurer la protection de ces biens communs mondiaux. Au XVIIIème siècle, la communauté internationale luttait contre ceux que l'on appelait à l'époque les ennemis du genre humain, c'est-à-dire les pirates. Les terroristes sont peut-être les pirates du XXIème siècle. »*[191]

---

[190] Voir Affaire *Klass et autres c. Allemagne* / http://hudoc.echr.coe.int/eng?i=001-62068#{"itemid":["001-62068"]}

[191] Mireille Delmas-Marty, *Le droit d'exception risque de devenir la règle, Le Monde*, 17 novembre 2015

Chapitre IX

Le droit sans moral

La méthode historique permet de retrouver les multiples sens du droit, *« en mettant en évidence les trois aspects qui l'ont constitué en discipline »,* selon le professeur Bernard Durand. *« Ses ambitions sont vues comme autant de participations à l'œuvre de civilisation : rendre la justice, rechercher la rationalité politique, exprimer des références religieuses ou morales. »*[192] Justice de Dieu, justice des hommes. C'est une logique de corps et de système qui permet parfois aux pères de l'Eglise de continuer à prêcher pendant des années, alors même qu'ils sont accusés de pédophilie. Depuis 2011, la hiérarchie catholique est pourtant tenue selon le droit canonique de déférer aux autorités compétentes tout prêtre signalé comme pédophile. Or certains profitent des délais de prescription et du silence coupable de leurs pairs et passent les mailles du filet. De même en politique, l'ambiguïté des dénonciateurs n'exonère pas ceux qu'ils dénoncent des fautes qu'ils ont commises. La morale, contrairement à la loi, est rétroactive.[193] Dès lors comment concevoir les rapports du droit et de la morale ? Pour la

---

[192] Bernard Durand, Christian Chêne et Antoine Leca, *Introduction historique au droit*, Edit. Montchrestien, oct. 2004

[193] A condition de savoir de quelle morale on parle : *« Publique ? Privée ? Relève-t-elle du Code pénal, du droit des affaires ou de la loi électorale ? Pour un homme qui s'engage en politique au nom de la vertu [...], cette vertu l'engage en tout et sur tout. Elle engage ce qu'il est et ce qu'il fut. [...] Si des hommes, quoi qu'ils aient fait dans le privé jadis ou naguère, s'efforcent de changer les règles pour apporter davantage de vertu, doit-on les condamner pour ne pas avoir respecté ces règles quand elles n'existaient pas ? Ne fallait-il pas qu'ils eussent été ce qu'ils furent pour devenir ce qu'ils sont ».* Philippe Lançon, *La leçon d'anatomie, Charlie Hebdo* n°1298, 7 juin 2017

philosophe Simone Manon *« la conduite humaine met en jeu des normes qui prescrivent, autorisent ou interdisent des actions. Ces normes peuvent être morales, juridiques, coutumières et l'on a souvent tendance à confondre les unes et les autres, d'autant plus qu'elles ont parfois même contenu »,* et elle ajoute que *« c'est dire que la vertu morale est davantage ce qui trouve dans les progrès du droit sa condition de possibilité que ce qui en est l'origine ».*[194] A cet égard, nul besoin de rappeler la gravité du mensonge sous serment aux Etats-Unis. On peut être poursuivi pour ça. Selon Maître Daniel Soulez-Larivière, *« si vous mentez aux Etats-Unis, c'est un crime, en France c'est un jeu. La société américaine est structurée par le mensonge et la vérité ».*[195] Quand il s'agit de l'honneur d'un homme, *« on ne se gargarise pas de phrases de morale pour patronages »*, écrit Georges Simenon. Ce sont bien les *« mensonges »* de Nafissatou Diallo qui ont permis à l'ancien patron du FMI, Dominique Strauss-Kahn, d'obtenir un non-lieu dans l'affaire du Sofitel. Mais y-a-t-il là vraiment de quoi la prétendre non crédible ? Toute procédure devant les tribunaux d'Athènes impliquait [avant l'ouverture du procès proprement dit], que les deux parties en présence prêtent serment : l'accusateur devait jurer que celui qu'il accusait avait commis le crime pour lequel il le faisait comparaître, et l'accusé qu'il en était innocent. Et si l'une des parties refusait de prêter serment, l'autre avait gain de cause. Evoquons encore l'affaire *« Monicagate »,* qui avait valu au président américain Bill Clinton d'être mis en accusation en 1998 par la Chambre des représentants. Il était accusé d'avoir *« trompé la confiance du peuple »* en faisant de *« fausses déclarations sur sa conduite*

---

[194] Simone Manon, Droit et morale. *Comment concevoir les rapports du droit et de la morale ?* http://www.philolog.fr/droit-et-morale/

[195] Cf. *Les Etats-Unis, société structurée par le mensonge et la vérité,* ladepeche.fr, 1er janvier 2011, AFP.

répréhensible » avec une stagiaire de la Maison Blanche Monica Lewinsky. Ainsi, il aurait suffi que le Sénat confirmât ces accusations à la majorité des deux tiers pour qu'il fût contraint de se retirer, au simple motif qu'il avait menti sur sa vie privée.[196] Sans conteste, la force précède le droit. Et parfois la morale a bon dos. Au XIXème siècle, les magistrats s'emparent des violences conjugales pour des raisons plutôt moralisatrices que juridiques, dans la mesure où le viol conjugal ne sera condamné en France par la loi qu'en 1980. *« La justice au pied du lit, n'y pensez-pas ! »,* écrivait l'avocat Ledru-Rollin en 1839. *« Des féministes comme George Sand dénoncent le mariage cette prostitution légale. Quant aux juristes, ils réussissent progressivement à s'immiscer dans l'intimité du couple - ce qui n'avait rien de naturel. A l'origine, ils motivent l'intrusion du juge au sein du couple par le trouble à l'ordre public »*,[197] écrit l'historienne du droit Victoria Vanneau. Alors que le gouvernement américain soutient l'industrie pharmaceutique dans son combat contre les soins à bas prix pour les malades du Sida [médicaments antirétroviraux encore sous brevet], le Président Bush menace Bayer de lui imposer une *« licence obligatoire »* après une agression à l'anthrax des Etats-Unis en 2001 [le labo Bayer disposait du médicament soignant et d'un brevet jusqu'en 2003]. [198] Ainsi, le marché sans la loi ou l'Etat n'est rien. Le droit est également devenu l'art du contre-pied. Il apparaît encore trop souvent qu'une loi est plus honorée par sa violation que par son application. Les juges, et notamment les magistrats de la Cour de cassation, cultivent très bien l'art

---

[196] Le mensonge sous serment de Clinton à propos de cette relation conduisit à un impeachment à son encontre, procédure qui fut bloquée par le Sénat des États-Unis.

[197] Victoria Vanneau, *La paix des ménages, histoire des violences conjugales, XIXème – XXIème siècle*, Edit. Anamosa, mars 2016.

[198] Bernard Maris, *Antimanuel d'économie, 2. Les Cigales*, Edit. Bréal, 2006.

du contre-pied. Précisons que le droit [élémentaire] de la sécurité juridique n'est pratiquement pas défini, hormis un rapport de Conseil d'Etat de 2006 qui précise que le principe de sécurité juridique *« implique que les citoyens soient, sans que cela appelle de leur part des efforts insurmontables, en mesure de déterminer ce qui est permis et ce qui est défendu par le droit applicable »,* et une décision du Conseil constitutionnel : *« il méconnaîtrait les garanties des droits proclamés par l'article 16 de la Déclaration de 1789 s'il portait aux situations légalement acquises une atteinte qui ne soit pas justifiée par un motif d'intérêt général suffisant ».* A défaut de reconnaître un minimum d'irréversibilité à la loi votée, comment s'étonner que les mouvements de contestations ne cessent pas avec le vote de la loi ? Ou comment s'étonner encore qu'un gouvernement n'applique pas une loi votée [l'écotaxe de 2013], en attendant de la faire annuler ? Après, est-ce qu'il y a toujours les moyens de mettre en œuvre ce qui est prévu dans la loi, c'est un autre débat, qui se pose pour toutes les lois. En tirades imprécatoires, Georges Courteline stigmatise ainsi le verbiage judiciaire : *« [Le Président] Mais d'autre part : Considérant que la Loi, en dépit de ses lâchetés, traîtrises, perfidies, infamies, et autres imperfections, n'est cependant pas faite pour que le justiciable en démontre l'absurdité, attendu que s'il en est, lui, personnellement dégoûté, ce n'est pas une raison suffisante pour qu'il en dégoûte les autres ; Considérant qu'a priori un gredin qui tourne la Loi est moins à craindre en son action qu'un homme de bien qui discute avec sagesse et clairvoyance ; Considérant qu'en France, comme, d'ailleurs, dans tous les pays où sévit le bienfait de la civilisation, il y a, en effet, deux espèces de droit, le bon droit et le droit légal, et que ce modus vivendi oblige les magistrats à avoir deux consciences, l'une au service de leur devoir, l'autre au service de leurs fonctions ;*

Considérant, enfin, que si les juges se mettent à donner gain de cause à tous les gens qui ont raison, on ne sait plus où l'on va, si ce n'est à la dislocation d'une société qui tient debout parce qu'elle en a pris l'habitude ; Pour ces motifs : Déclare La Brige bien fondé en son système de défense... [La Brige] Bravo ! [Le Président] ... l'en déboute cependant... ».[199] Selon Euripide, *« la vérité parle un langage sans détours ».* De son côté, Cicéron rappelle que l'empereur romain Servius Galba [*De oratore*, 1, 53, 229], accusé d'être responsable du massacre des Lusitaniens, ne voulut pas être défendu par des *« ornements rhétoriques »*, mais seulement par la *« simplex ratio veritatis ».* Et ne dit-on pas depuis Tacite, que l'innocence préserve davantage que l'éloquence. Il existe également des zones de non-droit. C'est au nom de la défense du marché unique, que la Commission européenne attaque le plus souvent la Chine. En effet, afin de maintenir une croissance élevée, le gouvernement chinois a laissé prospérer toute une série de pratiques contraires aux règles du commerce international [non-respect de la propriété intellectuelle, subvention des collectivités locales ou dumping] et notamment aux règles strictes fixées par l'Organisation mondiale du commerce. *« Les bornes ont été d'autant plus facilement franchies que la pensée chinoise n'a jamais donné à la loi la place centrale qu'elle occupe dans le monde occidental. Selon le tradition confucéenne, l'homme civilisé n'a pas besoin de loi parce qu'il a incorporé en lui-même tout l'art du savoir-vivre ensemble [les rites] ; la loi est tout juste bonne pour les barbares incapables d'accéder à ce savoir-vivre. »*[200] Pour pouvoir véritablement balayer devant sa

---

[199] *L'article 330,* Georges Courteline, Paris 1900. http://ledroitcriminel.free.fr/dictionnaire/petites_histoires_et_illustrations/courteline_art330.ht.m.

[200] Cf. *La fonctions anthropologique du droit,* entretien avec Alain Supiot, revue Esprit *Entre la loi et le contrat,* Fév. 2001, p. 162.

porte, il est nécessaire de se détacher quelque peu des intérêts nationaux : « *Voilà : c'est de justice qu'il s'agit, encore et toujours la justice, feu le troisième pouvoir devenu, via l'autorité judiciaire, un service public de la justice qui n'a rien de déshonorant, certes, mais qui ferait se retourner Montesquieu dans sa tombe. Car, au nom d'une légitime accessibilité au plus grand nombre, les gouvernements qui se succèdent ont toujours eu la même approche : se méfier de cette justice parfois trop incontrôlable, lui rogner ses résidus de pouvoir pour la faire rentrer dans le rang.* »[201] Et comment peut-on justifier qu'une loi ne s'applique pas de la même manière partout sur le territoire de la République, quand le président de la République lui-même souhaite que les maires puissent déléguer la cérémonie à leurs adjoints si le mariage gay leur pose un problème de conscience. Le président François Hollande reconnaissait en effet le 20 novembre 2012 *« la liberté de conscience »* aux maires, dont certains refusent de célébrer des mariages entre personnes du même sexe. Devant le congrès des maires, le Président François Hollande rappelait à cet égard que *« les maires sont des représentants de l'Etat »*, mais il ajoutait que « *la loi s'applique pour tous dans le respect de la liberté de conscience* », en précisant que *« les possibilités de délégations, d'un maire à ses adjoints, existent et peuvent être élargies »*. En France la résistance municipale au *« mariage pour tous »* n'est retombée qu'à la suite de l'exclusion constitutionnelle de toute clause de conscience, terreau d'une inégalité territoriale devant la loi. L'Assemblée nationale se prononce en effet par un vote solennel pour l'adoption définitive du projet de loi

---

[201] Éric Halphen, *Que reste-t-il du pouvoir judiciaire ?* Edit PUF, 2004. *« Un mot sur les moyens. Ce n'est pas le plus important, car les questions matérielles ne doivent pas masquer l'essentiel – à savoir, le fond. Mais il est évident que, lorsqu'un pays ne compte pas plus de magistrats en 2004 qu'en 1870, alors que le contentieux a, lui, explosé [...]. »*

ouvrant le mariage aux couples de même sexe, le 23 avril 2013, puis le 17 mai, le Conseil constitutionnel valide le texte, qui est promulgué le lendemain par le président de la République. Le soufflet du mécontentement est ranimé avec l'écotaxe et la réforme de l'organisation du temps scolaire dans les écoles maternelles et élémentaires, fruit du décret du 24 janvier 2013, certaines maires refusant d'appliquer la réforme gouvernementale des rythmes scolaires. Le conseil municipal de Janvry, adopte le 7 octobre 2013 une délibération affirmant la volonté de la commune de rester à la semaine de 4 jours. Mais alors, quelle sanction pour les maires qui décident de n'ouvrir leurs écoles que quatre jours, en infraction avec le principe des cinq matinées d'école ? Tout simplement la saisie administrative par le préfet, qui peut entraîner la suspension du maire pour une durée variable. Certains maires appellent même à ne pas respecter la loi. Toutefois, selon Fabien Girard de Baros, il y a peu de chances que les maires soient portés *« au rang des Gandhi, Martin Luther King ou autre Antigone, pour les plus classiques ! Mais, on pourra toute de même leur reconnaître la verve de ces Duplessis-Mornay, Hotman, Théodore de Bèze, qui en leur temps contestaient le pouvoir absolu de la monarchie. Ce n'est pas le principe du gouvernement démocratique que ces maires contestent, mais seulement une certaine pratique du pouvoir. Ce n'est pas le ministre qu'ils attaquent, mais le tyran, c'est-à-dire le ministre légitime qui, par sa pratique du pouvoir, se fait tyran... Et, du point de vue monarchomaque, quand le ministre se fait tyran, ses sujets peuvent lui résister... On n'ira pas jusqu'à se référer à Thomas d'Aquin et à sa théorie du tyrannicide... Mais, jusqu'où la situation peut-elle dégénérer, si le ministère ne fait que leur répondre de manière robotisée : Toute résistance est inutile ? ».*[202] Quid du droit de

[202] Fabien Girard de Barros, *Le maire : ce monarchomaque du XXIème siècle,*

conscience d'un délégataire de l'Etat qu'il invoquerait dans l'application de la loi ? Dans *Théorie de la justice,* John Rawls définit la désobéissance civile comme *« un acte public, non violent, décidé en conscience, mais politique, contraire à la loi et accompli le plus souvent pour amener un changement dans la loi ou bien dans la politique du gouvernement. En agissant ainsi, on s'adresse au sens de la justice de la majorité de la communauté et on déclare que, selon une opinion mûrement réfléchie, les principes de coopération sociale entre des êtres libres et égaux ne sont pas actuellement respectés ».*[203] Face à la prolifération actuelle des revendications sociales et juridiques, l'importance du conflit en tant que vecteur de reconnaissance réciproque n'est plus à démontrer. Le philosophe Axel Honneth conçoit la vie sociale comme intrinsèquement conflictuelle et montre que ce conflit ne la détruit pas parce qu'elle est animée par une lutte pour la reconnaissance. En effet, ce qui s'éprouve à travers les expériences de l'amour, du droit et de la solidarité, voire du mépris, du désamour et de la défiance *[« pathologies du social »]* n'est que *« le révélateur de cette exigence normative fondamentale sans laquelle il n'y aurait pas de société ».*[204] Ainsi le mépris révèle à l'homme la forme de reconnaissance dont il manque et le précipite dans la lutte. La philosophie sociale d'Honneth révèle la dimension morale des luttes sociales. Au même titre que le miracle de la tragédie nous indique que *« notre enquête la plus intime ne va pas à l'issue de choses mais à leur pourquoi. »*[205] Dans la mesure où la société assigne des places, le sociologue Didier Eribon cherche ainsi à percer le mystère

---

La lettre juridique Lexbase n°550, 5 décembre 2013.

[203] John Rawls, *Théorie de la justice*, Edit. Points, 2009.

[204] Axel Honneth, *La lutte pour la reconnaissance [Kampf um Anerkennung].* Collection Folio essais n° 576, Gallimard 2013.

[205] Roland Barthes, *Culture et tragédie, Œuvres complètes, tome 1, 1942 - 1961*, Seuil, 1993.

des déterminations sociales et politiques inscrites dans les corps, afin de *« rendre compte de l'ordre du monde »*. Il ajoute que la société *« énonce des verdicts, qui s'emparent de nous et marquent nos vies à tout jamais. Elle installe des frontières et hiérarchise les individus et les groupes. La tâche de la pensée est de porter au jour ces mécanismes d'infériorisation et la logique de la domination sociale »*. Ainsi, *« c'est à un véritable renouvellement de l'analyse des classes, des trajectoires, des identités [le genre, la race...] et du rôle central et ambivalent des institutions [notamment le système scolaire, le droit, la politique...] dans leur fabrication »* sur lesquels il convient de s'interroger.[206]

Pour Aurélien Biteau, *« Les conséquences de la confusion entre le droit et la morale sont désastreuses, notamment en ce qui concerne l'institution de la justice dans la plupart des pays occidentaux, France en premier. En confondant le droit et la morale, on a fait du droit un ensemble de commandements qui, émanant de l'Homme, devaient être connus de chacun : au lieu de dire le droit, on a écrit les droits, on en a fait des listes et on a dit aux hommes : voilà vos droits, voilà ce qui vous est autorisé, prenez en acte. Or ce faisant, le droit cesse de résoudre les conflits qui se posent spontanément et réellement entre les hommes dans une société. Il devient une abstraction décrétant ce qui tient du conflit et ce qui n'en tient pas. Il ne dure donc que si les hommes lui accordent leur foi ».*[207] Pire, aujourd'hui, les indicateurs se sont répandus dans la société pour fournir à ceux qui sont mesurés des *« chiffres destinés à orienter leurs comportements ».*[208] Or le

---

[206] Didier Eribon, *La Société comme verdict*, Fayard, 2013.

[207] Aurélien Biteau, *Droit et morale : la confusion des libéraux*, https://www.contrepoints.org

[208] Isabelle Bruno et Emmanuel *Didier, Benchmarking. L'Etat sous pression statistique*, Paris, Zones, 2013. Lire également Dominique Cardon, *A quoi*

« *dessein* » est un élément décisif du droit, ici comme ailleurs.

---

rêvent les algorithmes, La République des Idées, Seuil, 2015. *« L'objectif de ces indicateurs est moins de connaître le réel que de conduire les conduites. »*

Chapitre X

Vérité en deçà des Pyrénées, erreur au-delà

Les vérités d'hier ne sont pas celles d'aujourd'hui. C'est ainsi que le droit évolue lentement face à certains obstacles et en réponse aux besoins changeants de la société.[209] La notion d'auteur naît avec l'imprimerie et les livres. A l'origine, le droit d'auteur est un instrument de censure. Le dépôt légal fut instauré en 1537 [ordonnance du 28 décembre 1537, dite ordonnance de Montpellier, édictant le dépôt de tout livre nouveau, écrit ou vendu dans le royaume, quels qu'en soit le sujet et la langue usitée] par François 1er afin *« d'assembler en notre librairie toutes les œuvres dignes d'être vues, qui ont été ou qui seront faîtes [...] pour avoir recours auxdits livres, si de fortune ils s'étaient cy-après perdus de la mémoire des hommes, ou aucunement immués, ou variés de leur vraye et première publication »*. Institué pour les imprimés, il fut successivement étendu aux estampes dont les cartes et plans en 1648, aux partitions musicales en 1793, aux photographies et aux phonogrammes en 1925 ainsi qu'aux vidéogrammes et documents composés de plusieurs supports en 1975. Dès lors, les *« penseurs et artistes ont recours au pseudonyme ou nom de plume pour s'exprimer librement, éviter de se retrouver en prison ou sur le bûcher. Descartes s'enfuit en Hollande rédiger son Discours de la méthode, Montesquieu prétend avec ses*

[209] Ainsi, suite à la *« Panique de 1893 »*, un krach financier qui se déroule aux États-Unis où la dépression économique engendrée est alors la pire qu'ait connu le pays, paradoxalement l'industrie des produits pharmaceutiques brevetés prospèrent dans la mesure où certaines familles ne pouvant plus se permettre d'aller consulter leur médecin décident de se soigner seules. A noter qu'au XIXème siècle, le physicien britannique Oliver Joseph Lodge décrivait le système des brevets comme *« inopportun et répugnant »*.

lettres persanes, n'être que le traducteur d'un mystérieux auteur ottoman ».[210] Aujourd'hui, le droit d'auteur [dans la mesure du possible] protège les œuvres littéraires, les créations musicales, graphiques et plastiques, mais aussi les logiciels, les créations de l'art, etc.

La liberté et le droit s'arrêtent parfois aux frontières. André Maurois écrit qu'au moment de préparer un contrat, *« l'Anglais se dit : Que faut-il y mettre ? ; le Français : Comment le rédiger ? ; l'Allemand : Comment va-t-il évoluer ? Le Français moyen aime à imaginer l'avenir comme une cristallisation de passé. L'Allemand conçoit l'avenir comme fluide, informe, et le remplit de desseins grandioses. L'Anglais est surpris à la fois par le classicisme du Français et par le romantisme de l'Allemand ».*[211] Soixante ans après la signature du Traité de Rome, la règle communautaire, construite sur le plus petit dénominateur commun, sert encore trop souvent de terreau à une *« forme légale de concurrence déloyale ».* Que dire d'un droit qui ne survivrait pas à une confrontation raisonnée avec d'autres arguments non limités par le même esprit de clocher, s'interroge le prix Nobel d'économie Amartya Sen. *« On n'a pas le droit de rapporter les déterminations d'un paysan de Luther à celles d'un avocat de la Constituante ou d'un ouvrier de la Commune ; on n'a pas le droit de substituer à ces figures spéciales, un mécanisme humain général, dont les révolutions tomberaient, plus ou moins mûres, comme les mêmes fruits d'un même arbre. »*[212] Sénèque condamne ce que Catulle adore. Amartya Sen est toujours à l'écoute *« des voix lointaines et proches pour interpréter la justice des lois pas seulement par équité envers les autres, mais*

---

[210] Yann Perreau, *Incognito, anonymat, histoires d'une contre-culture*, Edit Grasset, 2017.

[211] André Maurois, *Choses nues*, Edit. Gallimard 1963.

[212] Roland Barthes, *Culture et tragédie, Œuvres complètes, tome 1, 1942 - 1961*, Seuil, 1993.

aussi pour éviter le provincialisme intellectuel » dont parle Adam Smith. Attentif aux règles des lois, il prône ainsi *« l'impartialité ouverte »*. Est-ce à dire que le droit ne survivrait peut-être pas *« à une confrontation raisonnée avec d'autres arguments non limités par le même esprit de clocher »* ? [213] Des arguments raisonnables et pourtant concurrents émanent parfois des mêmes personnes ! D'ailleurs la démocratie se juge également *« [...] à l'ampleur des possibilités réelles qu'ont de se faire entendre des voix différentes, issues de diverses composantes de la population »*. Or il s'agit de trouver des moyens de raisonner ensemble au-delà des frontières partisanes, voire parfois de démontrer la valeur ajoutée de la coopération européenne [Union européenne] et/ou mondiale [Organisation des nations unies, Organisation mondiale du commerce, etc.]. *« Dans cette tradition classique et dominante des années 1930 aux années 1980, l'État souverain est d'une part défini comme un réceptacle de pouvoir enclos par les frontières le constituant : la frontière fait l'État. [...] L'exercice de la souveraineté d'État est ce qui permet à un pouvoir de constituer un territoire bien délimité par des frontières qui ne sont elles-mêmes que le point d'expansion limite de ce pouvoir : l'État fait la frontière. Comme Louis Sala Molins le signalait ironiquement dans La loi, de quel droit ? On peut alors tourner en rond avec des définitions tautologiques et construire le savoir du droit sur le mythe de l'État et inversement. »*[214] Autrement dit *« trop de routes ne mènent nulle part, trop de sommes ne s'additionnent pas »*.[215] Et comme l'écrit Alessandro Baricco, *« si le seul site capable de dire la vérité sur la*

---

[213] Amartya Sen, *L'idée de justice,* Flammarion, 2010.

[214] Didier Bigo, *Frontières, territoire, sécurité, souveraineté,* Ceriscope Frontières, 2011 : http://ceriscope.sciences-po.fr/content/part1/frontières-territoire-sécurité-souveraineté.

[215] Marguerite Yourcenar, *Mémoires d'Hadrien*, Edit. Gallimard, 1976.

mort de John, Kennedy était en sanskrit, selon toute probabilité Google ne le placerait pas parmi les trente premiers. Il est probable qu'il vous signalerait comme meilleur site celui qui dit la chose la plus proche de la vérité dans une langue compréhensible pour la plus grande partie des humains. C'est quoi, ce critère de qualité, qui est prêt à troquer un bout de vérité en échange d'une part de communication ? ».[216] Au lendemain de la Première guerre mondiale, dans le sillage de la création de la Société des Nations, Georges Scelle écrit : *« du jour où s'introduisit l'idée de souveraineté, il devenait impossible de discerner où était le Droit, chaque Etat ayant compétence pour le dire ».* Selon Peter Szendy, l'espace est *« préoccupé, pour ainsi dire, par un appareil juridique réglant d'avance son appropriation : appartenant à l'humanité comme telle, il ne saurait devenir la propriété d'aucun Etat ».*[217] Ainsi la résolution des Nations unies du 13 décembre 1963 proclamait le principe suivant : *« [...] L'espace extra-atmosphérique et les corps célestes ne peuvent faire l'objet d'appropriation nationale par proclamation de souveraineté, ni par voie d'utilisation ou d'occupation, ni par tout autre moyen ».*[218] Au reste, le philosophe Peter Szendy, en se laissant guider par Carl Schmitt, considère encore que *« l'humanité, lorsqu'elle émerge en tant que catégorie du droit international, contribue à vider de toute substance l'espace concret : à mesure que le principe universaliste s'étend à la Terre et à l'humanité entières, il conduit à l'ingérence de tous en tout »,* et de là l'élimination *« normativiste du droit des gens interétatique européen [au profit d'un droit mondial indistinctement universel] ».* Il est vrai que *« tout ordre*

---

[216] Alessandro Baricco, *Les Barbares, essai sur la mutation*, Edit. Gallimard 2014.

[217] Peter Szendy, *Kant chez les extraterrestres, Philosofictions cosmopolitiques*, Edit. de Minuit, 2011.

[218] Cf. www.unoosa.org .

juridique suppose une sorte de reste – un espace libre qui lui échappe ». Dès 1947, le constitutionnaliste, théoricien et professeur de droit Carl Schmitt [avant de se fourvoyer…] écrit à ce propos : *« Il n'y a pas de mouvement sans espace vide. Il n'y a pas non plus de droit sans espace libre [kein Recht ohne freien Raum]. Toute saisie et délimitation régulière d'un espace nécessite un espace libre qui reste au-dehors, hors du droit [erfordert einen draussen, ausserhalb des Rechts verbleibenden freien Raum]. La liberté, c'est la liberté de mouvement, il n'y en a point d'autre. Qu'il est épouvantable, le monde où il n'y a plus de terre étrangère [Ausland], mais seulement du territoire intérieur [Inland] ; plus de voie vers l'ouvert [kein Weg ins Freie] ; plus de champ libre [Spielraum] où les forces se mesurent et s'éprouvent librement […] ».*[219] En citant à nouveau Schmitt, Peter Szendy écrit que *« contrairement à la terre, la mer ne connaît aucune unité évidente entre espace et droit, entre ordre et localisation. La mer est donc essentiellement libre [frei], parce qu'elle ne garde aucune trace [Spur] des passages de ceux qui la sillonnent, parce que rien ne s'y grave, ne s'y inscrit. Inappropriable en soi, la mer est d'abord un libre champ de pillage libre [ein freies Feld freier Beute], le règne de la piraterie et des brigandages en tout genre ».*[220] La *« vaste Athènes contemporaine »*[221] dans laquelle nous vivons a définitivement effacé les frontières. Pour preuve, la redistribution actuellement en cours des espaces économiques dans le monde prend à contre-pied les systèmes économiques, juridiques et

---

[219] Carl Schmitt, *Glossarium. Aufzeichnungen der Jahre 1947-1951*, Dunker und Humblot, 1991.

[220] Peter Szendy, *Kant chez les extraterrestres, Philosofictions cosmopolitiques*, *op. cit.* Il en va ainsi aujourd'hui des internautes naviguant sur Internet, *« où la figure maritime du pirate connaît également une belle postérité ».*

[221] Jérôme Ferrari.

sociaux conçus pour régir une société internationale divisée en Etat-nations. En avril 2017, dans ce contexte de crise, General Motors annonçait la saisie par les autorités vénézuéliennes de son usine de Valencia, dans le nord du pays [des actifs du groupe, comme des véhicules, ayant été pris illégalement de ses infrastructures]. Cette pratique des autorités du pays n'est pas nouvelle : en 2014, elles avaient annoncé la reprise temporaire de deux usines de l'américain Clorox et près d'une vingtaine d'arbitrages internationaux impliquent le Venezuela, en lien avec les nationalisations menées par l'ex-dirigeant socialiste Hugo Chavez.

Jour après jour, le monde mène une bataille contre l'hégémonie américaine sur le droit. Il s'agit d'une revendication déjà ancienne, qui est régulièrement reprise par de nombreux pays et qui vise à le *« désaméricaniser »*. Certains préconisent même un changement radical dans la gouvernance des organismes qui assurent le fonctionnement du Web au niveau mondial [adresses, noms de domaines, normes, protocoles, etc.], du fait que ces instances sont souvent sous la tutelle des Etats-Unis. Ainsi, la quasi-totalité des entreprises du numérique nées aux Etats-Unis ne proposent pas un contrat en droit français à leurs utilisateurs résidant en France. *Google, Twitter, LinkedIn* se moquent du droit européen et en cas de litige, les juridictions compétentes sont californiennes. La cour d'appel de Pau a jugé en 2012 ainsi que la cour d'appel de Paris en 2016 ont rappelé tour à tour que ce type de clause est abusive, car contraire au droit français de la consommation. Or, ces plateformes continuent de maintenir cette clause abusive dans leurs conditions générales au mépris du droit et en toute impunité. *« Car qui a les moyens d'affronter la puissance financière et juridique des géants américains du numérique ? »*, s'interroge Olivier Iteanu. Les Etats européens eux-mêmes abdiquent ou, au mieux, cherchent à négocier plutôt qu'à faire appliquer la loi. *« Alliés de circonstance des libertariens de la côte ouest des Etats-Unis, les grands acteurs du numérique imposent leurs règles et leurs valeurs. Le digital est-il en passe de rendre inopérants les droits français et européen, après avoir chamboulé la technologie, nos modes de vie et les modèles économiques existants ? [...] Et s'il ne reste plus au peuple européen le choix de sa loi, que lui reste-t-il de sa souveraineté ? ».*[222] Le Dollar est ainsi devenu l'œil de la Loi. Alors que le *« DPA »* [deferred prosecution aggrement] qui permet de transiger avec la justice, est devenue une industrie florissante outre-Atlantique, l'extraterritorialité de la législation américaine interroge. Le *« Department of Justice »* américain [DOJ] aurait ainsi touché plus de 50 milliards de dollars en vingt ans de DPA. La pression s'accentue non seulement sur les entreprises pénalisées par des pénalités pénales et civiles records [Volkswagen, BNP Paribas, Deutsche Bank, Siemens, Alstom, Total, etc.], mais aussi sur leurs dirigeants, menacés d'un *« sort à la Roman Polanski ».*[223]

Sous le prétexte fallacieux de maintenir l'ordre, les Etats-Unis ont souvent tendance à étendre le règne de leur loi au-delà des frontières et l'extraterritorialité du droit

---

[222] Olivier Iteanu, *Quand le digital défie l'Etat de droit,* Edit. Eyrolles, octobre 2016. L'auteur analyse quatre concepts fondamentaux du droit. *« Ces quatre concepts sont : la liberté d'expression, la vie privée, les droits d'auteur et la place de l'Etat et de la Loi. Il constate leur glissement vers le droit anglo-saxon. Les symptômes de cette évolution non démocratique sont des paroles de haine qui se diffusent sans réponse judiciaire efficace dans une Europe en ébullition, un affaissement de la vie privée, des données personnelles sans contrôle, des citoyens épiés chaque seconde par le partenariat NSA et grandes entreprises de la Silicon Valley, l'affaiblissement de la Loi et la dérégulation au profit du contrat. »*

[223] En 2009, les Etats-Unis demandent l'extradition du cinéaste Roman Polanski, recherché par la justice américaine pour une affaire de mœurs vieille de 30 ans. D'ailleurs, au sein du groupe VW, il serait désormais déconseillé aux cadres d'aller aux USA.

américain ne cesse de progresser. Eux seuls sont en mesure de faire payer aux financiers la facture de leurs excès. *« Football, finances, impôts, données : les Américains font de plus en plus respecter la loi dans le monde entier, ou plutôt leur loi. Et ils nous vendent leurs rêves, que nous achetons les yeux fermés »,* écrit Jean-Marc Vittori dans *Les Echos.*[224] En lançant une offensive sur la Fifa, la justice américaine espère faire rentrer de l'argent frais dans les caisses du Trésor. Le *« Department of Justice »* contribue ainsi au rééquilibrage des finances publiques américaines. En effet, ces trois dernières années, les juges des Etats-Unis ont infligé près de 140 milliards de dollars à des banques nationales et étrangères [dont 9 milliards à BNP Paribas]. Ainsi, *« la vraie puissance américaine n'est plus militaire, comme le montrent les événements au Moyen-Orient, où Washington se contente d'intervenir à 10.000 mètres d'altitude. Sa puissance économique ne vient pas ou peu des gaz de schiste et de la compression des salaires, comme le montre une récente étude de la Fabrique de l'industrie. Non, il faut aller chercher ailleurs. La vraie puissance américaine est juridique et onirique. Le droit et le rêve ».*[225] Toutefois, suite à l'affaire Max Schrems, la Cour Européenne a invalidé la décision adoptée le 26 juillet 2000 n°520/2000/EC3, appelée Safe Harbor également connu comme l'accord sur la *« sphère de sécurité »* [Safe harbor privacy principles], qui permettait le libre transfert des données personnelles des citoyens de l'Union européenne à des entreprises situées aux États-Unis. La Cour

[224] Jean-Marc Vittori, *L'Amérique gouverne le monde par le droit et le rêve, Les Echos*, 2 juin 2015.

[225] Jean-Marc Vittori, *op. cit. « L'Amérique affirme ainsi sa nouvelle puissance. Qui passe souvent par un chantage à l'égard des banques [Si vous ne coopérez pas, vous n'aurez plus le droit de travailler aux Etats-Unis, voire en dollars]. Mais aussi par d'autres leviers, comme l'accès aux données numériques octroyé par le Patriot Act et son petit frère en cours de discussion au Congrès, le Freedom Act.. »*

irlandaise qui avait saisi la CJUE était ainsi invitée à examiner la plainte de M. Schrems et à évaluer s'il convient de suspendre les transferts de données personnelles des abonnés Facebook européens vers les Etats Unis. Cette décision, adoptée en 2000 par la Commission, permet aux entreprises américaines de transférer les données personnelles de leurs utilisateurs européens vers des serveurs situés aux Etats Unis. Il leur suffit pour cela de souscrire au Safe Harbor et de certifier qu'ils se conforment à un certain nombre de *« principes de protection adéquats ».* L'engagement est purement déclaratif et les signataires ne sont soumis à aucun contrôle. Ce petit arrangement a permis durant quinze ans de satisfaire aux besoins des entreprises sans enfreindre explicitement la directive de 1995 sur la protection des données personnelles qui exige un niveau de protection adéquat en cas de transfert vers des pays tiers. Or pour la CJUE *« la Commission était tenue de constater que les États-Unis assurent effectivement, en raison de leur législation interne ou de leurs engagements internationaux, un niveau de protection des droits fondamentaux substantiellement équivalent à celui garanti au sein de l'Union en vertu de la directive lue à la lumière de la Charte. La Cour relève que la Commission n'a pas opéré un tel constat, mais qu'elle s'est bornée à examiner le régime de la sphère de sécurité. »* Quel que soit le niveau de protection de cet accord, relève encore la Cour, les autorités publiques des États-Unis n'y sont pas soumises. Pire, « les *exigences relatives à la sécurité nationale, à l'intérêt public et au respect des lois des États-Unis l'emportent sur le régime de la sphère de sécurité, si bien que les entreprises américaines sont tenues d'écarter, sans limitation, les règles de protection prévues par ce régime, lorsqu'elles entrent en conflit avec de telles exigences.* »[226] De plus en plus impérialiste, les Etats-Unis se servent également de leur système judiciaire à des fins politiques en menaçant par exemple la BNP Paribas d'une amende de 10 milliards de dollars et d'un retrait de sa licence outre-Atlantique. Ce faisant, les juges américains substituent le droit de leur pays, en affirmant leur prééminence sur les autres droits nationaux, au droit international. Ainsi, les différentes autorités publiques américaines [Securities and Exchange Commission, Department of Justice, etc.] se sont donnés les moyens d'arraisonner les grandes entreprises étrangères qui opèrent dans les eaux internationales, et de contraindre les états à marcher au pas. Sur le plan contractuel, le droit américain se substitue souvent aux règles du droit international de la vente : *« When the X entity receiving Products is located in the North America region [which is defined to include the United States, Canada and Mexico], this Agreement shall be governed by and construed in accordance with the laws of the State of Illinois, USA and the Parties hereto submit to the exclusive jurisdiction of the courts of the State of Illinois. The U.N. Convention on Contracts for the international Sale of Goods shall not apply to this Agreement and shall not govern the rights and obligations of the Parties under this Agreement ».* Le plus cocasse est de voir le rédacteur de ce *« Supplier warranty agreement »* inclure le Mexique comme relevant des lois et des juridictions de l'Illinois ! Ainsi, le débat n'est plus droit contre droit, mais bien le rapport de force dans les différentes régions du monde, la géopolitique et la loi du plus fort. Sur ce sujet, Antoine Garapon et Pierre Servan-Schreiber dénonce encore et toujours cette hégémonie : *« Les Etats-Unis ont pris un leadership dans*

[226] Voir http://curia.europa.eu/jcms/upload/docs/application/pdf/2015-10/cp150117fr.pdf.

la régulation du marché global parce qu'ils sont la première puissance du monde, mais aussi parce qu'ils portent dans leur culture un rapport paradoxal au pouvoir, considéré comme un mal nécessaire et non comme l'instituteur de la société. [...] Le génie américain consiste à faire de la politique avec du droit privé [...]. Toute autre est la situation de l'Europe qui a mis en place des règles mais en faisant abstraction du reste du monde [...]. Qui sait ce que fera demain un pays comme la Chine, qui ne partage pas le même substrat culturel et religieux, ni la même confiance dans le droit ? »[227] De son, côté, Stephen Breyer, l'un des plus grands juges des États-Unis, en appelle à une *« diplomatie judiciaire »* et à un dialogue international harmonieux entre les juridictions. [228]

Du reste, l'impérialisme juridique [et économique] américain n'épargne rien ni personne. Un fléau qui gangrène notre souveraineté. En 2002, les Etats-Unis décide en six mois d'imposer des taxes à 700% sur l'acier pour riposter à un dumping chinois, tandis que les Européens palabrent pendant deux ans pour finalement appliquer des taxes dix fois inférieures.[229] L'extraterritorialité de la législation américaine s'immisce dans les entreprises, elle les met à l'amende et au besoin les menace.[230] Ou quand le droit à l'ingérence conduit à l'ingérence du droit. Les députés Pierre Lellouche et Karine Berger ont ainsi présenté le 5 octobre 2016 aux membres des commissions des Affaires étrangères et des

---

[227] Antoine Garapon & Pierre Servan-Schreiber, *Deals de justice : le marché américain de l'obéissance mondialisée,* PUF, octobre 2013.

[228] Stephen Breyer, *La Cour suprême, le droit américain et le monde*, éditions Odile Jacob, octobre 2015. A propos de la *« pax americana »*, chez soi à l'étranger ou l'extra-territorialité des lois américaines !

[229] Jean-Michel Quatrepoint, *L'Europe en retard d'une guerre industrielle, Le Monde diplomatique*, juin 2017.

[230] Les poursuites engagées contre des sociétés étrangères pour des opérations hors du territoire des Etats-Unis sont publiées sur le site : https://www.justice.gov/

Finances, de l'économie générale et du contrôle budgétaire de l'Assemblée nationale un rapport d'information sur l'extraterritorialité de la législation américaine. Il est précisé en préambule que depuis quelques années, la chronique est régulièrement défrayée par les amendes colossales infligées aux États-Unis à des entreprises européennes. En effet, *« les entreprises françaises ont particulièrement été frappées en 2014, année qui a vu la banque BNP-Paribas accepter de payer un montant record de près de 9 milliards de dollars pour avoir violé les embargos financiers des États-Unis contre plusieurs pays et Alstom trouver un arrangement à près de 800 millions de dollars avec les autorités judiciaires américaines suite à des faits de corruption internationale au moment même – coïncidence ou non... – où la branche énergie de l'entreprise était rachetée par General Electric.*[231] *Depuis lors, d'autres entreprises françaises et plus généralement européennes ont été confrontées à la rigueur du système judiciaire américain, la dernière étant Volkswagen ».*[232] Un marché de dupes dans la mesure où les Etats-Unis considèrent que toute opération libellée en dollars doit être conforme à la législation américaine puisqu'elle doit passer par la chambre de compensation de New York [le rapport précise que l'application de fait extraterritoriale de certaines législations américaines n'est pas fondée *« sur une revendication délibérée*

---

[231] Le journaliste Jean-Michel Quatrepoint estime quant à lui que le rachat de la branche énergie d'Alstom par General Electric est la conséquence d'une offensive judiciaire américaine en vue de convaincre ses dirigeants de choisir l'offre américaine plutôt que celle de Siemens et de Mitsubishi. Lire *Alstom scandale d'Etat / Dernière liquidation de l'industrie*, Edit. Fayard, sept. 2015. A noter qu'entre 2008 et 2016, les entreprises françaises auront payé plus de 15 milliards de dollars d'amende pour l'essentiel au *Department of Justice*.

[232] Cf. Rapport d'information déposé en application de l'article 145 du règlement en conclusion des travaux de la mission d'information commune sur l'extraterritorialité de la législation américaine n° 4082 déposé le 5 octobre 2016 par Mme Karine Berger / Oct. 2016 / http://www.assemblee-nationale.fr/14/rap-info/i4082.asp

d'extraterritorialité, mais sur des interprétations larges, voire tirées par les cheveux, du critère de compétence territoriale – ainsi du raisonnement selon lequel toute opération bancaire libellée en dollars dans le monde finit par donner lieu à une compensation effectuée sur le sol américain »].[233] Dès lors, cette situation a des conséquences macro-économiques perceptibles : le versement de plusieurs dizaines de milliards de dollars par les entreprises européennes représente un prélèvement significatif sur les économies européennes au bénéfice des finances publiques américaines [il permet au système de s'auto-alimenter dans la mesure où les montants des amendes financent le système judiciaire]. Un ouvrage de juristes rassemblés par Antoine Garapon et Pierre Servan-Schreiber dénonce ainsi le privilège exorbitant que se sont arrogé les États-Unis : *« [...] Les États-Unis s'arrogent le pouvoir d'accuser, qui est un pouvoir énorme, c'est-à-dire le pouvoir d'isoler, de désigner, d'agresser éthiquement, l'accusation conférant implicitement à celui qui la porte la reconnaissance d'une stature morale ».*[234] Il s'agit d'une stratégie de mobilisation du droit dans la guerre économique, qui se traduit, selon Hervé Juvin, *« par un changement de nature du droit, placé sous la dépendance de l'économie et de la géopolitique ».*[235] Afin de prévenir

---

233 Le critère de rattachement pour établir la compétence du procureur américain va même jusqu'à l'utilisation d'une puce ou d'un logiciel sous licence américaine !

234 Antoine Garapon et Pierre Servan-Schreiber [dir], *Deals de justice. Le marché américain de l'obéissance mondialisée*. PUF, 2013. *« L'entreprise ciblée a le choix : s'engager dans un procès long et coûteux qui fera scandale et qui a toutes les chances de se terminer par une condamnation lourde ; ou bien négocier selon une procédure étonnante : à l'entreprise accusée il revient d'embaucher des monitors, souvent des avocats, pour enquêter en son sein, mettre en place des procédures qui conviennent au juge américain, rendre des comptes pendant plusieurs années et, bien sûr, payer une lourde amende. »*

235 Hervé Juvin, *Sanctions américaines : la guerre du droit,* Revue Le Débat n°194, mars-avril 2017.

l'escalade des poursuites américaines contre les entreprises, la loi Sapin 2 du 9 décembre 2016 a créé la *« Convention judiciaire d'intérêt public »* [CJIP] qui permet désormais de s'acquitter d'une amende pour des faits de corruption ou de blanchiment de fraude fiscale sans être officiellement déclarées coupables. Une procédure qui devrait laisser à la porte la justice des autres pays et notamment des Etats-Unis [selon la règle *« non bis in idem »* d'après lequel *« nul ne peut être poursuivi ou puni pénalement à raison des mêmes faits »*]. C'est que la pression judiciaire américaine est devenue *« volontairement ou par ricochet, le débat est ouvert – un élément de guerre économique »,* écrit Bertille Bayart dans *Le Figaro.*[236] Le rapport Berger-Lellouche sur l'extraterritorialité de la législation américaine,[237] parle de *« rouleau compresseur normatif »,* désormais tout lien de rattachement [et notamment via le dollar], même quand l'action se passe à l'autre bout du monde, *« vous placent sous le coup de la loi américaine ».* Quand la réalité rejoint la fiction à propos de l'hégémonie américaine : *« Il est difficile de supporter le regard dans l'œil énigmatique et solitaire qui est sur chaque billet de 1 Dollar sans commencer à prêter un peu de foi à cette histoire ».*[238] Certes, il arrive parfois qu'un village peuplé d'irréductibles Gaulois résiste encore et toujours à l'envahisseur. Négocié pendant 7 ans, le traité commercial

---

[236] Bertille Bayart, *La justice américaine dicte sa loi aux entreprises du monde entier, Le Figaro*, 15 janv. 2017. D'autant que *« les DPA s'accompagnent par ailleurs de mesures probatoires qui imposent souvent aux sociétés sanctionnées d'être surveillées par des monitors. Une situation qui inquiète, dans un monde où chacun se méfie des services de renseignement et des capacités d'intelligence économique, y compris de pays amis ».*

[237] En conclusion des travaux d'une mission d'information constituée le 3 février 2016 / Voir http://www.assemblee-nationale.fr/14/rap-info/i4082.asp

[238] Thomas Pynchon, *Gravity's Rainbow*, cité par Michael Stolleis, *L'œil de la loi*, Edit. Mille et une nuits, 2006.

entre le Canada et l'UE [Ceta] exclu le mécanisme d'arbitrage, qui aurait permis à des multinationales d'attaquer les Etats si elles s'estimaient lésées par des changements de législation : la Wallonie ayant obtenu qu'il ne soit pas confié à des avocats d'affaires privés, mais à une Cour pour l'investissement composée de 15 juges professionnels nommés par l'UE et le Canada, et qu'il soit possible de faire appel. Toutefois, en règle générale, selon Eric Loquin, l'*« Etat admet désormais qu'il est trop petit pour appréhender le marché global, et le voudrait-il, qu'il est impuissant à le faire ».* Aujourd'hui, il est illusoire de penser qu'un pays, en raison de la flexibilité des changes, peut conduire en tout indépendance sa politique monétaire. Les membres du *« Cercle Turgot »* ne s'y trompent pas, considérant que *« les cycles de crédit sont mondiaux, ils déstabilisent les pays émergents ; ils ont déstabilisé la zone euro. Dans un monde qui abandonne le protectionnisme direct, trop voyant, l'arme monétaire se fait instrument de la guerre commerciale ».* Le monde de la finance a définitivement perdu en l'Etat son *« grand horloger ».* Mais le concept de souveraineté fait également l'objet de critiques sur ses fondements politiques. A cet égard, le drame des migrants en Méditerranée, alors que les naufrages se multiplient aux portes de l'Europe, montre qu'à la liberté de quitter son pays ne répond pas la liberté de pénétrer dans un autre : *« Emigrants, fuyards, apostats - Sans patrie entre les états [...]. Douaniers : à quoi sert la frontière ? - Chaque riche a la terre entière - Tout misérable est étranger »,* écrit Marguerite Yourcenar en 1934 qui distinguait déjà son *« exil »* américain de *« migrations plus misérables ».* Enfin, nul ne doute que l'*Internet* est devenu au fil du temps l'*« épine dorsale »* de nos sociétés, ainsi qu'un levier majeur de transformation économique, juridique, sociale et culturelle. Or, les révélations d'Edward Snowden et les attaques menées sur les réseaux mettent en lumière les nouveaux défis auxquels sont confrontés les Etats, les acteurs juridiques [voire les citoyens eux-mêmes], pour préserver leur *« souveraineté numérique ».* Preuve est ainsi faite que la notion de souveraineté est une idée neuve en ce début de vingt-et-unième siècle, sans être *« déchue »* sa nature évolue. [239]

Souvent jugé trop rigide, le droit international peine encore à saisir la réalité complexe de notre société. Les revers pour la justice internationale se sont accumulés dès l'origine. Si les procès de Nuremberg sont un jalon dans l'histoire du droit international, ils n'étaient en aucune façon inévitable et auraient bien pu ne jamais se tenir. En effet, à mesure que les alliés prirent la mesure de l'ampleur des atrocités nazies, *« le président américain Franklin D. Roosevelt, le premier ministre britannique, Winston S. Chruchill, et le secrétaire général du PCUS, Joseph Staline, estimèrent tous, à un moment ou à un autre, qu'une exécution sommaire serait la réponse la plus appropriée aux crimes nazis ».*[240] Depuis, la justice internationale est à la carte, et la Cour pénal international prend parfois *« des allures d'auberges espagnole ».* Pour preuve, le répit obtenu par le vice-président du Kenya William Ruto, jugé au Pays-Bas en septembre 2013 et accusé de crimes contre l'humanité pour les violences postélectorales de 2007 et 2008. Ce dernier obtenait l'autorisation de rejoindre son pays [en cours de procès] pour assister à l'assaut des forces kényanes contre les terroristes *« chabab »* retranchés dans un centre commercial de Nairobi le 23 septembre 2013. Pour mémoire, le Congrès américain a même voté un texte en 2002 [*« The Hague invasion act »*] autorisant le président

[239] Thierry Charles, *Les Nouvelles perspectives de la souveraineté*, Edit. L'Harmattan, Collection : Questions contemporaine, juin 2015.
[240] Robert Gellately, *Les entretiens de Nuremberg*, Edit. Flammarion, 2005.

américain à utiliser tous les moyens nécessaires s'il fallait libérer un citoyen américain détenu à La Haye ![241] Le juriste Cyril Laucci fustige de son côté la primauté du système en vigueur dans le monde anglo-saxon : *« La majorité des vingt et une affaires déférées à la Cour pénale internationale concernent des pays francophones. Pourtant, en violation du règlement intérieur de la CPI, le recours à la langue anglaise se généralise. Corrélativement, ce sont les principes du droit anglo-saxon [common law] qui s'imposent »*.[242] Outre la primauté de la langue anglaise comme langue de travail, il dénonce le système anglo-saxon qui repose exclusivement sur la preuve apportée par les parties, tandis que le modèle civiliste et francophone vise à la recherche et à l'établissement de la vérité. Ainsi deux jugements rendus à quelques semaines d'intervalle par le Tribunal pénal international pour le Rwanda [TPIR] en 2005 à propos des mêmes faits aboutissent à deux verdicts différents : *« Le procureur, à partir des éléments disponibles, construit et présente des charges, auxquelles la défense doit répondre. Tel fait peut ainsi être écarté par le procureur par insuffisance de preuves permettant de l'étayer. L'évaluation par les juges aboutit à une vérité judiciaire – celle présentée dans le jugement – qui est par définition relative, et qui peut varier d'une affaire à l'autre en fonction des informations apportées par les parties ».*

---

[241] Le président américain George Bush a signé la Loi sur la protection des forces armées américaines de 2002, qui vise à intimider les pays qui ratifient le traité de la Cour pénale internationale [CPI]. La nouvelle loi autorise en effet l'usage de la force militaire pour libérer un citoyen américain ou d'un pays allié US-détenu par le tribunal, qui est situé à La Haye. Le texte prévoit en outre le retrait de l'aide militaire américaine de pays qui ont ratifié le traité de la CPI, et limite la participation des États-Unis en maintien de la paix des Nations Unies, sauf si les États-Unis obtiennent l'immunité de poursuites. Dans le même temps, ces dispositions peuvent être levées par le président pour des raisons d'intérêt national.

[242] Cyril Laucci, *Quand le droit anglo-saxon s'impose, Le Monde diplomatique*, avril 2014.

L'auteur s'en prend également au défaut de codification, la tradition anglo-saxonne reposant principalement sur l'autorité du précédent, de la jurisprudence : *« Dès lors, la recherche de l'information juridique implique le recours à des moyens beaucoup plus lourds, que seuls peuvent se permettre les grands cabinets d'avocats. On mesure ainsi la valeur du code comme outil démocratique. »*[243] Ce qui se passe actuellement, c'est que, dans ce système, les justiciables doivent plutôt compter sur une loterie. Maître Hervé Temime ajoute que la justice est *« un monde d'aléas ». « Que vous tombiez sur [...] tel juge, tel procureur ou tel jury d'assises, le résultat de votre parcours judiciaire sera totalement différent ».*[244] Et tout ça rejaillit sur l'image, voire sur la légitimité même des institutions. Ainsi, la Cour pénale internationale [CPI] a enregistré plusieurs défections. Après la décision de l'Afrique du Sud, du Burundi et de la Gambie, la Russie annonce en novembre 2016 son intention de se retirer de la CPI suite à la décision de l'institution d'ouvrir une enquête sur la guerre entre la Russie et la Géorgie de 2008, puis sur la Crimée. Le président philippin Rodrigo Duterte menace également de retirer son pays de la CPI, excédé par les critiques portées à l'étranger contre sa violente guerre contre la drogue. De son côté, Washington n'apprécie pas que la CPI envisage d'ouvrir une enquête sur d'éventuels crimes de guerre qui auraient été perpétrés en Afghanistan par l'armée américaine et la CIA [le projet de l'ouverture d'une enquête sur l'Amérique visait peut-être à rassurer les pays africains, qui estiment être les seuls à passer devant la CPI]. La porte-parole du département d'Etat, Elizabeth Trudeau, estime qu'une telle enquête ne

---

243 Cyril Laucci, *Quand le droit anglo-saxon s'impose, op. cit.* Toutefois, il existe désormais un Code annoté de la Cour pénale internationale qui propose une sélection des extraits les plus pertinents des décisions publiques rendues par la Cour.

244 Hervé Temime, *La défense dans la peau*, nov. 2012, Stock.

se justifie dans la mesure où les Etats-Unis disposent d'un système national solide d'enquête et de responsabilité *« qui est aussi bon que dans n'importe quel pays dans le monde »*. L'ouverture d'une enquête par la CPI se heurte à plusieurs obstacles. En principe les Etats qui ont adopté [et ratifié][245] le traité de Rome sur ce tribunal, qui a vu le jour en 2002, ont insisté sur le principe de *« complémentarité »* avec les juridictions nationales. Aussi, l'hémorragie risque de se poursuivre. Selon Mireille Delmas-Marty, *« entre compétition et collaboration internationale, les interdépendances entre les États constituent un frein à l'action internationale plus qu'un moteur »*. En effet, dans un monde globalisé où les États subissent leurs interdépendances, il s'agit de redonner du sens à un droit international à bout de souffle. Dans *Aux quatre vents du monde,* Mireille Delmas-Marty dénonce ainsi les interdépendances croissantes qui paralysent les États et semblent condamner toute action à l'impuissance. Comment dès lors transformer ces interdépendances subies en projet commun ? L'auteur explore quelques pistes et notamment les principes d'une régulation dynamique de ce monde turbulent autour de l'égale dignité de tous les êtres humains, une solidarité planétaire, le principe de *« précaution-anticipation »* et le pluralisme ordonné, un processus d'humanisation réciproque.[246] Quant au nouveau droit des robots qui est en train d'émerger, on voit mal comment on pourrait définir une *« personnalité juridique »* dans un pays et pas dans l'autre.

Pour autant, doit-on désespérer du droit international ? Aux yeux d'Amartya Sen, *« il est certain que la justice mondiale parfaite assurée par un système institutionnel absolument juste, à supposer qu'on puisse*

---

[245] Les Etats-Unis ont signé le traité de Rome mais ne l'ont jamais ratifié. La Russie a aussi signé le traité en 2000 mais sans jamais le ratifier. Et la Chine n'est pas membre de la CPI.

[246] Mireille Delmas-Marty, *Aux quatre vents du monde*, Edit. Seuil, 2016.

identifier un tel objet, exigerait un Etat mondial souverain ». [247] Or tel n'est pas le cas. Thomas Nagel en conclut à partir de la thèse de Hobbes sur la relation entre justice et souveraineté que l'*« idée de justice mondiale sans gouvernement mondial est une chimère »*. En 2015, la France propose une alternative à l'arbitrage privé entre investisseurs et Etats tel qu'il est prévu par l' *« Investor State Dispute Settlement »*, l'acronyme anglais du mécanisme de règlement de leurs différends. Elle vise à présenter les voies opérationnelles pour la création d'une Cour permanente publique, organe au service de la cohérence du droit et de l'articulation des décisions avec les juridictions nationales. Tout un programme ! Matthias Fekl considère en effet que *« depuis une quinzaine d'années, la protection des investisseurs, légitime contre des expropriations ou discriminations arbitraires, déborde de ce cadre, au point que certaines entreprises contestent, sous couvert d'expropriation indirecte, le droit des Etats à décider des normes, environnementales, sanitaires ou sociales. Interdiction de la fracturation hydraulique, retrait du nucléaire ou mesures antitabac : ces décisions du Canada, de l'Allemagne ou de l'Australie conduisent des entreprises étrangères à leur réclamer, devant un panel d'arbitres privés, des indemnités souvent faramineuses en réparation du manque à gagner ».*[248] Si l'hégémonie des grandes puissances demeure décisive, l'état du monde est travaillé par des transformations libérales du droit international, depuis la fin de la seconde Guerre mondiale, en rupture avec *« la sacralisation des*

---

[247] Amartya Sen, *L'idée de Justice*, Edit. Flammarion, 2010.

[248] Matthias Fekl, *Pour une justice internationale de l'investissement, Les Echos*, le 4 juin 2015. *« A l'origine destiné à protéger les investisseurs contre des dénis de justice dont les Etats peuvent se rendre fautifs, l'ISDS apparaît au terme de cette dérive comme la menace d'un déni de démocratie. Le contribuable serait, ainsi, condamné à payer pour des choix qu'il a validés en tant que citoyen. »*

souverainetés étatiques, notamment en cas de risque de génocide, et en direction d'une reconnaissance formelle de l'égalité des peuples. Cette transformation autorise, via l'Onu, des opérations internationales de sauvetage humanitaire, voire d'interventions militaires face à la violation du droit international ou face à la menace d'un génocide, et des actions devant la Cour pénal international ».[249] Le philosophe Jürgen Habermas imagine un *« état cosmopolitique »* à construire, *« avec le passage du droit international-interétatique vers un authentique droit cosmopolitique des peuples ».*[250] Reste que dépasser cette nouvelle loi de la jungle entre Etats, c'est sans aucun doute une *« ligne de crête difficile »*, d'autant que pour le plus grand nombre des Etats membres de l'Onu, la légitimation des *« guerres pour le droit »* et *« contre le terrorisme »* conduit à transgresser le droit international positif, alors que dans le même temps, *« pour la constellation de l'islamisme terroriste, le registre de la guerre sainte est explicitement assumé et les conventions internationales ne sont que des chiffons de papier ».* [251] Smaïn Laacher rappelle qu'en Tunisie les salafistes ont investi au fil du temps un certain nombre de corporations professionnelles, parmi lesquelles les avocats : *« Aujourd'hui, traduire en justice les auteurs de blasphème est une mission qui revient aux avocats, et je peux vous dire qu'ils sont très en pointe là-dessus... Comme ils l'ont été pendant des années dans la défense de*

---

[249] Jean-Claude Monod, *Que peut-on espérer du droit international*, Revue Esprit n°417, Août-septembre 2015.

[250] Jean-Claude Monod, *Que peut-on espérer du droit international, op. cit. « Le fait que, lors de la campagne du Kosovo, l'intervention internationale ait dû contourner la légalité de l'Onu pour éviter d'être empêchée par le veto de membres du Conseil de sécurité comme la Russie ou la Chine n'invalidait pas, aux yeux de Habermas, la légitimité supérieure d'une opération nécessaire, mais rendait plutôt visibles les limites de la légalité internationale et de ses mécanismes d'application face à une menace de crime contre l'humanité. »*

[251] Jean-Claude Monod, *Que peut-on espérer du droit international, op. cit.*

militants politiques de leur bord idéologique. Il n'est donc pas étonnant que ces magistrats soient à l'avant-garde et surinvestis dans ces domaines-là ».[252]

Je crains malheureusement que l'on ne débouche, ici aussi, sur la même impasse du droit.

[252] Smaïn Laacher, *La création culturelle en Tunisie n'est pas sans risque, Charlie Hebdo* n°1189, 6 mai 2015. Lire également Joan Stavo-Debauge, Philippe Gonzalez & Roberto Frega, Quel âge post-séculier ? Edit. Ecole Des Hautes Etudes En Sciences Sociales, mars 2015. Smaïn Laacher et Cédric Terzi : *« Quand les revendications religieuses investissent les arènes judiciaires. L'affaire Persepolis comme révélateur des enjeux de la transition politique tunisienne ».*

Chapitre XI

La réception par le droit de concepts émergents

La sphère marchande n'est plus l'unique terrain de jeu des entreprises de la nouvelle économie, qui prennent désormais position dans le monde des libertés publiques et politiques. Cette révolution déjà en marche est riche d'enjeux politiques et de défense des citoyens. L'évolution de notre univers juridique est en proie à la transformation digitale qui, en envahissant la sphère politique, bouscule le Juge [nul ne conteste désormais l'apport du digital et du *Big Data* dans le contentieux] mais également le Législateur. Serons-nous contraints d'abandonner les grands principes généraux du droit pour réglementer selon un mécanisme d'agrégat de micro données ? Pour l'historien du droit Bernard Durand le droit moderne est *« immaitrisable ».*[253] Il aura suffi en effet de quelques années pour que l'informatique ébranle tous les fondements de notre système juridique, redéfinissant tour à tour les notions de propriété, de localisation et de format. Il ne suffit plus d'appliquer les règles existantes à un phénomène nouveau dans la continuité du développement des activités d'Internet depuis 20 ans. Les algorithmes transforment le travail, bouleversent la protection de la vie privée et restreignent les libertés publiques. L'Industrie 4.0 et les nouveaux défis de la transformation numérique [*Internet* des objets, systèmes cyber-physiques, Impression 3D, etc.] ouvrent sans cesse de nouvelles brèches. *« La*

---

[253] Bernard Durand, *Le Temps enfermé*, Conférence le 9 juin 2016 / https://www.canal-u.tv/video/uds/le_temps_enferme_par_m_bernard_durand.22811 *« Variations sur les relations entre le Temps et les Sciences et les méthodes diverses imaginées par certaines d'entre elles - dont le Droit - pour le discipliner. »*

taxe à la valeur ajoutée, autrefois une question simple, est devenue un casse-tête comptable pour les transactions commerciales sur l'Internet. Le délit de harcèlement a pris une nouvelle signification. Les lois protégeant la vie privée des individus sont mises à l'épreuve par des entreprises qui n'ont pas de scrupules à enregistrer les habitudes de recherche, de navigation et d'achat de leurs clients. […] Avec l'Internet, des délinquants commettent des escroqueries ou se livrent à des activités d'espionnage depuis des endroits éloignés et cachés. »[254] L'impact en aval de ces technologies émergentes est impossible à prévoir. Alors que le *« mash-up »* [contenu qui provient de la combinaison de plusieurs sources d'information] dessine une économie nouvelle de l'art *« entre la combinaison et la réutilisation d'œuvres existantes et l'évolution du droit d'auteur »,* Éric Sadin dénonce un technolibéralisme, forme extrême du libéralisme, qui via les objets connectés et l'intelligence artificielle, entend tirer profit du moindre de nos gestes, inaugurant l'ère d'une *« industrie de la vie »* et entend que *« les explorateurs du numérique doivent agir sans entraves et comme bon leur semble ».*[255] L'actualité démontre combien nos règles de droit sont au cœur des tensions sociales et des enjeux politiques. C'est le fameux *« droit d'avoir des droits »,* pour reprendre le titre de l'essai de Stefano Rodotà, inspiré de la phrase de Hannah Arendt, qui finit par être soumis à la domination du marché. Or le droit n'est pas *« une discipline abstraite ou désincarnée, mais le reflet d'un état d'esprit, d'une culture et de grands choix collectifs. Mais, si notre droit a fait école dans le monde à l'époque napoléonienne, il tient désormais du chef d'œuvre en péril : vieilli, anachronique, en déphasage complet avec le monde agile*

---

[254] Hod Lipson & Melba Kurman, *Impression 3D, la révolution en marche*, Edit. First, juin 2014.

[255] Éric Sadin, *La Silicolonisation du Monde,* Edit. L'échappée, novembre 2016.

d'aujourd'hui ».[256] Dans une note de la *Fondation pour l'innovation politique*, les auteurs stigmatisent l'immobilisme des juristes français : *« à l'inverse des juristes de nombreux pays, nos spécialistes ont continué, depuis le XIXème siècle à construire leur droit de manière autonome et abstraite, multipliant les typologies et les qualifications juridiques déconnectées des réalités économiques ».*[257] Or, les algorithmes obligent à de brutales remises en cause des modèles économiques grâce aux ressources du *Legal Process Outsourcing.* En effet, l'intelligence juridique artificielle fondée sur une capacité d'analyse poussée de quantités considérables de données et la virtuosité des robots capables d'assimiler la jurisprudence bouleversent le marché des services juridiques. L'ancien bâtonnier Maître Feral-Schul observe qu'avec les bonnes données et des algorithmes puissants, *« un ordinateur va pouvoir répondre beaucoup plus vite et même plus précisément qu'un avocat à certaines questions »*, et notamment sur l'évaluation du montant de la pension alimentaire à demander en justice en cas de divorce.[258] Désormais, grâce aux renseignements saisis par le client, un algorithme comparable à un arbre de décision assemble les modules d'un document finalisé [standard comme des statuts, une injonction de payer, etc.] ensuite par l'avocat ou le juriste. Il s'agit désormais d'inventer en urgence une nouvelle *« flexibilité du droit ».* Aussi, le rôle du juriste est de *« se décaler »,* de penser hors des cadres, ce qui est d'autant plus difficile à faire en période de

---

256 Vincent Giret, *Le droit, les rentiers ou l'innovation, Le monde,* 11 mars 2016.

257 Sophie Vermeille, Mathieu Kohmann, Mathieu Luinaud, *Un droit pour l'innovation et la croissance*, Fondation pour l'innovation politique, Fondapol.org.

258 Patrick Arnoux, *L'Ubérisation de la profession d'avocat, La révolution VTC* [Valeur – Technologie – Collaboratif, les trois leviers de la métamorphose des métiers du droit], Le nouvel Economiste n°1791, nov. 2015.

grande mutation. Dès lors, il faut se tenir à l'écoute de ce qui se fait sur le terrain, où la capacité à s'adapter aux nouveaux enjeux est beaucoup plus vive. D'ailleurs, certains n'hésitent pas à solliciter l''aide des neurosciences dans les procédures judiciaires et notamment à partir des techniques modernes d'imagerie cérébrale. Pour autant, les neurosciences peuvent-elles renseigner sur la responsabilité d'un délinquant ? Dans un tout autre domaine Internet chamboule jusqu'à l'exercice du métier d'avocat avec la digitalisation qui démocratise l'accès au droit. *Big Data* : dans cette boîte de Pandore, les algorithmes de filtrage détectent déjà la contrefaçon ou les entorses au droit d'auteur avec plus ou moins de succès. Reste que demander à des programmes informatiques de jouer aux juges relève de l'illusion, voire du *« fétichisme technologique »*. Il est temps de reprendre la main et de repasser en mode manuel. Dominique Cardon[259], qui veut ouvrir la *« boîte noire »* des algorithmes, cite l'exemple de *Google*, qui se base sur les informations de son propre serveur pour établir des classements, ou d'*Uber*, qui pourrait cartographier sur son application plus de voitures qu'il en existe en réalité pour vanter les mérites de son service. Par conséquent, il pourrait exister un *« déficit de loyauté »* vis-à-vis des utilisateurs. Même constat à propos des drones industriels et la collecte des données aériennes. Si une réglementation de ces objets volants est en place en Europe et aux États-Unis, aucune loi n'existe ailleurs. Une situation qui illustre les lacunes législatives, ne serait-ce que pour protéger les données à caractère personnel.

A cet égard, l'antécédent de la crise traversée par l'industrie de la musique depuis la numérisation permet de démontrer que si la protection des auteurs, concepteurs et inventeurs est nécessaire, celle-ci peut difficilement se

---

[259] Dominique Cardon, *A quoi rêvent les algorithmes*, Seuil, coll. La République des idées, 2015.

faire par des mesures coercitives ou par l'instauration de sanctions visant à interdire les copies en infraction avec les droits d'auteur. Ainsi, la loi *« Hadopi »* [Haute Autorité pour la diffusion des œuvres et la protection des droits sur Internet chargée de punir la récidive de manière croissante en appliquant une *« riposte graduée »*] ou la loi *« Création et Internet »* du 12 juin 2009 qui vise à principalement mettre un terme aux partages de fichiers en pair à pair lorsque ces partages se font en infraction avec les droits d'auteur, ont montré toute leur insuffisance. Le bilan de la loi *« Hadopi »* est plus que mitigé, quant à la sanction de coupure d'accès à Internet, elle a été supprimée à l'initiative de la ministre de la Culture Aurélie Filippetti, faisant pour certain d'Internet, un droit aussi fondamental que l'accès à l'eau ou à l'électricité.[260] De ce point de vue, ces dernières années, nous avons assisté à un changement de paradigme, car si voler est un acte répréhensible pour le hacker-activiste américain Aaron Swartz, le téléchargement n'est pas du vol : *« Si je vole à l'étalage un album chez le disquaire du coin, personne d'autre ne peut l'acheter. Mais si je télécharge une chanson, personne n'en est privé, et une autre personne peut en profiter. »*[261] A ses yeux, cela ne pose certainement pas de problème éthique.

Dans une tribune éditoriale, Thibaut De Jaegher s'inquiète des technologies numériques qui se jouent des lois : *« La constitution et les droits fondamentaux de notre*

---

[260] *« Hadopi n'a donc pas réussi à empêcher ceux qui téléchargent le plus de continuer à le faire. En effet, il existe d'autres moyens de se procurer des fichiers musicaux gratuitement, tels que les échanges directs par le biais de disques durs portables, les réseaux privés et les intranets, sans compter les outils d'anonymisation sur Internet qui rendent très difficile la récupération de l'adresse Internet d'un utilisateur de réseaux de partage. »* Lire Pauline Berdah, *Droit de la Propriété intellectuelle - L'impact de l'imprimante 3D sur la propriété intellectuelle* / http://glorieusefrance.fr/wp-content/uploads/2014/03/Imprimante-3D.pdf

[261] Aaron Swartz, *Celui qui pourrait changer le monde*, Edit. B42, 2015.

pays sont peut-être issus de l'âge analogique, mais ils valent aussi pour le numérique. Cette phrase, c'est Sigmar Gabriel, le ministre allemand de l'Économie, qui la sert à Eric Schmidt, le président exécutif de Google, en tournée en Europe. Elle est révélatrice de la méfiance des dirigeants d'outre-Rhin vis-à-vis de la toute-puissance des géants américains du web, mais elle signifie beaucoup plus. À l'heure où certains pensent que coder, c'est légiférer [comme si le langage informatique était une nouvelle forme de législation], la mise au point est bienvenue. Elle rappelle qu'il y a des lois intangibles sur lesquelles les femmes et les hommes vivant en pays libre ne veulent pas transiger. Et que la nature des révolutions technologiques qui se succèdent n'y change rien ».[262] Les technologies numériques traquent les comportements des consommateurs via des batteries d'historique de recherche ou en utilisant les *« algorithmes de reciblage publicitaire ».* Elles peuvent surtout se jouer facilement des lois, règlements et frontières créés pour un monde analogique. Un front anti-*Google* s'esquisse d'ailleurs en Allemagne, le gouvernement menant une offensive sans précédent. Dans une tribune d'une page dans le *« Frankfurter Allgemeine Zeitung »,* le ministre de l'Economie, Sigmar Gabriel, propose de s'attaquer au moteur de recherche américain comme les Etats se sont attaqués aux banques pour freiner leurs excès. En 2014, une nouvelle plainte est déposée auprès de la Commission européenne par un groupe d'acteurs européens du numérique contre *Google* [Lagardère, CCM Benchmark, Axel Springer, etc.] qu'ils accusent d'abus de position dominante, tandis que l'Office allemand des cartels examine la question pour le marché allemand. Le géant de l'Internet a une position nettement dominante en Europe. Il

---

[262] Thibaut De Jaegher, *Le code ne fait pas la loi, L'Usine Nouvelle* n° 3400, 27 nov. 2014

représente plus de 90 % du marché de la recherche en France, en Allemagne, en Espagne et au Royaume-Uni. On reproche au groupe américain de profiter de cette situation pour favoriser ses produits dans les résultats de son moteur de recherche. Le groupe américain a déjà provoqué dans le passé la colère de journaux belges, italiens, allemands et français pour l'indexation de leurs articles dans ses résultats de recherche. [263] Et comme souvent en droit, le diable est dans les détails. En octobre 2013, la Comité international de la Croix-Rouge [CICR] lance une campagne pour inciter au respect des lois de la guerre dans les jeux vidéo : *« l'usage du droit dans les jeux vidéo peut améliorer la connaissance des règles de la guerre de millions de joueurs dans le monde ainsi que le respect sur les champs de bataille de demain ».*[264] Il souhaite que les jeux vidéo de tir à la première personne intègrent les lois et le droit international qui s'appliquent aux conflits armés, comme la Convention de Genève. Au demeurant c'est bien tout le *Big Data* qui est dans la main du Diable. *« Big Data cherche cadre juridique désespérément »* titre le magazine l'*Usine Nouvelle* du mois de février 2016. [265] Que se passe-t-il dans la galaxie du *Big Data* ? Alors qu'aucun dispositif juridique n'encadre l'utilisation de données hautement stratégique pour les entreprises et les Etats, chacun s'accorde à penser que le *Big Data* est un moyen de créer de la valeur dans

---

[263] 2009 : les éditeurs français entrent en procès contre *Google*. Les professionnels du livre reprochent en effet au moteur de recherche de ne pas respecter le droit d'auteur : selon eux, le projet, lancé en 2005, de recherche de livres *Google Book Search* contrevient à la loi française sur les droits d'auteurs. Le débat porte notamment entre *« l'opt out »* pratiqué par *Google,* dans lequel il revient aux ayants droit d'œuvres protégés de demander le retrait de leurs œuvres, et *« l'opt in »,* qui exige un accord préalable entre les deux parties.

[264] Cf. http://www.icrc.org/fre/resources/documents/film/2013/09-28-ihl-video-games.htm .

[265] Adrien Cahuzac, *Big Data : cherche cadre juridique désespérément, L'Usine Nouvelle* n°3457, 25 fév. 2016.

chaque filière [outre que cette masse d'informations permet également de réaliser de précieuses économies, tout en gagnant en productivité]. Tout l'enjeu concerne justement la propriété de cette mine de données : qui est en droit de les valoriser ? A qui appartiennent-elles ? A l'industriel collecteur, au fabricant de machines ou de logiciels ? Aux membres de la filière ? Ces données sont-elles cessibles à des tiers ? Et le cas échéant comment se prémunir sur les conditions de contrat qui pourraient lier l'industriel à un fabricant ou à un fournisseur de machines ou de logiciels ? Car il existe à n'en pas douter une position de force sur les services associés au *Big Data* qui pourrait se traduire par une atteinte à l'indépendance des entreprises [et notamment en mettant la main directement sur une partie des données produites par les objets connectés aux machines ou aux ordinateurs via notamment l'outil *« Customer Relationship Management »* ou CRM]. L'incapacité des textes à faire respecter la question de la propriété des données et de leur exploitation est patente. Ainsi, un cadre juridique reste à créer, dans la mesure où l'appareil législatif actuel n'est pas adapté - loin s'en faut - , à l'enjeu. Pour certains, les nouvelles règles se situent à l'échelle européenne, voire au niveau national. Pour d'autres [le secteur agricole notamment] les organisations professionnelles doivent s'emparer sans délais du dossier. Leurs responsables sont appelés à devenir de véritables acteurs de cette révolution, sans s'arrêter à la question certes légitime de la protection des données, en étant proactifs et en s'appropriant ces nouvelles technologies tout en faisant entrer les entreprises dans cette renaissance 2.0. L'industrie des données et du *Big data* est sous doute utile, mais elle est dangereuse. Les sites qui agrègent des données finissent toujours par les diffuser, que ce soit aux forces de l'ordre, au cours de procès entres individus [*Facebook* est ainsi de plus en plus exploité dans les procédures de divorces]. En effet, le modèle dans lequel on essaie de conserver le maximum de données pendant un temps indéfini n'est pas tenable. Pourquoi ne pas imaginer que les données personnelles puissent disparaître au fil du temps. Car pour Maciej Ceglowski, le fondateur de *Pinboard,* les traces que les utilisateurs laissent derrière eux sont *« radioactives »*, elles continuent à pouvoir avoir un effet négatif pendant des années. De nombreuses données produites échappent à toute forme de contrôle, elles sont échangées, modifiées, revendues. Dès lors, que se passera-il si elles deviennent punissables dans 10 ans ? C'est loin d'être une utopie : ce sont bien les comportements passés des artistes hollywoodiens progressistes qui ont été jugés au moment du maccarthysme : *« Que ce serait-il passé si on avait eu accès au détail des correspondances de Charlie Chaplin sur Gmail, ou de ses messages directs sur Twitter ? De la même façon, imaginons un russe gay qui ouvre un journal anonyme sur LiveJournal en 2017, mais qui voit cette société se faire racheter dix ans plus tard par une société russe, alors que l'homosexualité est plus durement réprimée dans son pays ? »*[266] Dans *La vie algorithmique,* Eric Sadin évoque *« un puissant mouvement indéfiniment expansif qui est à l'œuvre, qui s'est instauré et universalisé en à peine deux décennies, et qui plutôt que d'être appelé à s'atténuer, notamment par le fait de révélations ou de digues juridiques partielles ou de*

266 Jean-Baptiste Soufron, *Et si le Big Data était aussi dangereux que le nucléaire ?* http://www.soufron.com/et-si-le-big-data-etait-aussi-dangereux-que-le-nucleaire-faut-il-imaginer-une-demi-vie-pour-les-donnees/ *« La police américaine commence justement à demander à disposer des données génétiques de certains clients d'Ancestry.com et 23andMe afin de savoir s'ils auraient des correspondances avec des traces retrouvées sur des scènes de crime. »* Voir également *Et si le big data permettait à nos petits-enfants de nous juger a posteriori ?* https://www.washingtonpost.com/news/innovations/wp/2014/04/18/the-rise-of-big-data-brings-tremendous-possibilities-and-frightening-perils/

fortune, va au contraire s'amplifier et déterminer de part en part la marche du monde ou les conditions de son bon fonctionnement ».[267]L'auteur va même plus loin quand il écrit que *« le techno-pouvoir méprise le pouvoir politique, et plus encore le droit, il considère tout encadrement ou restriction de son champ d'initiative comme un abus. Il est d'esprit libertarien, se contente de quelques commandements réduits au strict minimum, conformément aux principes énoncés par le philosophe Herbert Spencer au cours du XIX*ème *siècle. Il ne relève pas du hasard que le foyer primordial, et qui le demeure, à partir duquel il a essaimé sur l'ensemble de la planète soit la Californie, marquée par le mythe de la libre conquête de l'Ouest, récompensant la forme de violence qui caractérise toute propriété unilatéralement décidée ».*[268] Aussi, en appelle-t-il à l'établissement d'un *« Parlement des données »* à hauteur nationale, européenne, et mondiale. Il s'agit d'une branche désormais décisive de l'élaboration législative, procédant régulièrement à des examens, à des auditions, à des évaluations, et émettant des projets de lois. Quant à l'essor des projets notamment dans la robotique de service, il rend incontournable la question du cadre juridique applicable, sans compter les baisses de prix générées par les gains de productivité dus à l'automatisation. L'activité robotique peut-elle s'autoréguler ou faut-il créer un cadre juridique spécifique ? Autrement dit, faut-il appliquer le droit des humains au droit des robots ? Car si d'après la loi, *Terminator* ne peut pas être considéré comme un meurtrier, comment analyser la mort d'un ouvrier de l'usine Volkswagen qui a été tué par un robot pendant

---

[267] Eric Sadin, *La Vie algorithmique, Critique de la raison numérique*, L'échappée, collection Pour en finir avec, mars 2015.

[268] Eric Sadin, *La Vie algorithmique, op. cit. « Les technologies numériques représentent aujourd'hui la res la plus publica de toutes les res publicae, par leur pouvoir de gouvernementalité sans cesse croissant exercé sur le cours individuel et collectif des existences ».*

qu'il effectuait des travaux d'installation ? Les nouveaux automates, appelés « *collaborative robots* », travaillent de plus en plus souvent sur la même ligne de production que les humains, ainsi les robots deviennent de plus en plus indépendants et nos interactions avec les machines croissent de façon exponentielle. Pour combler ce vide juridique, Maître Alain Bensoussan milite pour la création d'un *« droit de la robotique »* et particulièrement la mise en place d'une *« personnalité robot ».* Il réclame même plus largement *« un débat sur les droits de l'homme de l'Intelligence Artificielle »* en invoquant l'humanisation du robot et la robotisation de l'homme. En tout état de cause, la singularité du robot dans l'espace juridique va s'accentuer. [269] Au vu de la progression fulgurante du degré de complexité et de précision de l'IA, la question d'un droit des robots peut effectivement se poser. L'idée de confier la personnalité juridique à des robots peut paraître quelque peu déroutante à première vue, elle n'en est pas moins ancienne. Déjà, en 1967, le romancier de science-fiction Isaac Asimov écrivait dans son œuvre *Les robots* les trois lois de la robotique : *« un robot ne peut attenter à la sécurité d'un être humain, ni, par inaction, permettre qu'un être humain soit mis en danger ; un robot doit obéir aux ordres d'un être humain, sauf si ces ordres entrent en conflit avec la première loi ; un robot doit protéger sa propre existence tant que cela n'entre pas en conflit avec la première ou la deuxième loi ».* La commission des affaires juridiques du Parlement Européen approuvait d'ailleurs le 12 janvier 2017 une proposition de texte visant à créer un cadre et un statut juridique spécifiques pour les robots, lois qu'il incomberait aux fabricants et aux utilisateurs de machines robotisées de

[269] Lire notamment Jérémy Bensoussan, Alain Bensoussan, *Droit des robots,* Collection : Lexing - Technologies avancées & Droit, édit. Larcier, 2015. Luc-Marie Augagneur, *Robots et animaux : des droits extra-humains ? Les Echos,* le 7 décembre 2014.

faire respecter. On parle même de fiscalité des robots [une part de cotisations et de taxe en fonction de la proportion de robots utilisés dans un processus productif], mais aussi et surtout de leur donner une personnalité juridique [la commission européenne œuvre sur la notion de *« personne électronique »*], sujet de droits et d'obligations, voire de réfléchir à un régime d'assurance obligatoire. En effet, qui est responsable d'un véhicule guidage en cas d'accident ? L'entreprise utilisatrice ? Le développeur de l'algorithme ? Le constructeur du matériel ?[270]

A cet égard, l'accrochage entre la *Google Car* et un bus survenu à *Mountain View* le 14 février 2016 pose la question des responsabilités [alors que plusieurs modèles sont en circulation depuis 2009, la voiture a parcouru 3 millions de kilomètres avec moins d'une vingtaine d'incidents mineurs]. Au demeurant, il n'y avait personne pour remplir le constat à l'amiable ! En raisons même de ses capacités de machine learning, l'IA du robot est capable de prendre des décisions qui résultent de sa *« propre »* expérience. La voiture autonome ouvre ainsi une véritable boîte de Pandore, d'autant que la NHTSA [National Highway Traffic Safety Administration], l'autorité chargée de la sécurité routière aux Etats-Unis

---

[270] Bertrand Liard, *Leur place est telle dans nos sociétés qu'un droit est en train d'émerger pour eux, les robots*, Le Huffingtonpost, 18 avril 2017. *« L'irruption des robots intelligents créée des situations qui ne sont pas appréhendées par le cadre juridique existant. La question de la responsabilité civile des robots intelligents est particulièrement intéressante à analyser à ce sujet. En substance, le cadre juridique actuel, sous réserve de certains aménagements, pourrait permettre de définir la responsabilité d'un robot dans un accident en recourant à une analyse des causes : erreur du programmeur, du fabricant, de l'opérateur ou en appréciant la dangerosité intrinsèque du robot. Mais en raison des progrès de la robotique et de l'intelligence artificielle et notamment des réseaux neuronaux, du deep learning et du machine learning, cette analyse ne permet pas d'appréhender des situations dans lesquelles le robot a pris la décision ayant conduit à l'accident de manière totalement indépendante et imprévisible pour ses concepteurs, fabricants, utilisateurs. »*

confirme que le conducteur de la *Google Car* est son *« système d'intelligence artificielle »*. D'un point de vue juridique, plusieurs questions se posent : contre qui pourra-t-on se retourner ? Le constructeur, le fabricant de la pièce qui a fait défaut ou le réseau de communication qui s'est mal connecté ? Et qui devra abonder le patrimoine [sur lequel la victime pourrait s'appuyer pour réclamer une indemnisation] de cette nouvelle personne juridique ? De-là à imaginer le cas où il n'y aurait personne contre qui agir pénalement, il n'y a qu'un pas. La voiture sans conducteur de *Google* a causé son premier accident. Si le véhicule se trompe, c'est l'entreprise qui en assume la responsabilité. Du moins c'est ce que *Google* soutient. Mais qu'en est-il réellement ? La question de l'adaptation de la législation actuelle à une voiture autonome est inévitable, dans la mesure où la législation n'est pas adaptée aux nouvelles technologies. *« En somme, le mystère reste entier pour ces pots de yaourt dont personne ne peut prédire à ce jour comment se réglerait juridiquement un accident à l'origine d'importantes blessures voire d'un décès. »*[271] Ce serait le comble si on pouvait changer une histoire séculaire par une simple loi. Et pourtant, si on se permet de faire un brin d'histoire, les raisons de la primauté donnée jusqu'en 1906 à la vapeur [par rapport au moteur à explosion] pour l'industrie britannique du poids lourd sont l'ancienne loi qui limitait à 6km/h seulement la vitesse des véhicules routiers et obligeait à les faire précéder d'un homme à pied avec un

---

[271] Estelle Mastinu, *Google Car roule pour un sans-faute,* Décideurs magazine, 30 mars 2016. *« Ce qui est certain, c'est qu'il sera très difficile pour les assurances de prévoir le niveau de sinistralité pour ce type de véhicule. […] Cependant, la commercialisation semble ici plus problématique puisque la France a ratifié la Convention de Vienne. Cette dernière conditionne l'utilisation des véhicules à la présence d'un conducteur (qui n'exécute pas d'autre activité simultanément). Une modification de la Convention de Vienne est donc à prévoir pour faciliter les expérimentations. Il est probable que l'ensemble des pays emboîtent le pas à la loi du Nevada. »*

drapeau rouge ! Quant à la nouvelle loi concernant la locomotion sur les grandes routes, elle autorisa une vitesse de 25 kilomètres à l'heure et renonça aux laquais. A l'ère numérique, l'objet juridique devient non identifié et le droit de battre monnaie n'est plus régalien. [272] Pour preuve, afin de garantir, d'une part, que les centres de traitement des données qui abritent notamment les données sur les cybermonnaies ne soient pas piratés et, d'autre part, qu'ils resteront hors des juridictions nationales, Jeff Garzik dirigeant de l'entreprise *« Dunvegan Space System »,* a eu l'idée d'expédier les serveurs dans l'espace. En avril 2015, il a ainsi lancé la construction d'une constellation de 24 mini satellites [le programme *« BitSat »*]. Une fois en orbite, il devient impossible de l'atteindre. Par ailleurs, le bitcoin étant aussi un outil pour effectuer des transactions financières, il pourrait en théorie éliminer les avocats, les banques et tout ce qui fait grimper les coûts des contrats de transaction financière. *« Qu'est ce qu'il se passerait si les entreprises pouvaient virer la moitié de leurs avocats, n'ayant plus besoin d'eux pour gérer des milliards et des milliards de contrats différents impliquant des déplacements d'argent d'un endroit à un autre ? Considérant cette perspective, de nombreuses entreprises pourraient trouver que le bitcoin c'est finalement très bien. Et si des grosses compagnies se mettent à l'utiliser pour déplacer leurs fonds, que ce soit en interne ou avec leurs vendeurs, acheteurs, prestataires, alors beaucoup plus de gens seront sensibles à l'idée de prendre des bitcoins comme on va chercher des billets au distributeur. »*[273] Au-delà des *« Bitcoins »,* la véritable promesse technologique qui se cache derrière les crypto-

---

[272] Lire à ce propos Myriam Roussille, *Le bitcoin : objet juridique non identifié, revue Banque & Droit* n° 159, janvier-février 2015.

[273] Ryan Faith, *On va lancer des coffres forts pleins de bitcoins dans l'espace,* 31 mars 2015 / https://news.vice.com/fr/article/voila-pourquoi-on-va-lancer-le-bitcoin-dans-lespace

monnaies est la gestion via des contrats intelligents ou *« smart contracts »* d'accords juridiquement contraignants et qui s'exécutent de façon autonome et sans aucun tiers. Ils promettent en effet de soulager les entreprises des coûts et des temps de latence du travail juridique, la *« blockchain »* pourrait remplacer les avocats et les experts-comptables. Ils pourraient même exécuter des contingences incroyablement complexes basées sur les termes du contrat, le tout en temps réel, et avec une totale transparence pour les parties : une rapidité d'exécution qui sonnerait le glas des honoraires facturés à l'heure des avocats. A partir de la technologie *blockchain* [une technologie qui permet de s'assurer qu'un transfert d'actifs a été effectué sans avoir recours à un registre centralisé] la notion de *« smart contract »* est en plein essor. Ce sont des protocoles autonomes et intelligents qui assurent automatiquement l'exécution *« des termes d'un contrat »,* dans des conditions fixées au préalable, sans nécessiter d'intermédiaire ou de tiers de confiance. Par ailleurs, ce qui rend incontournable ce contrat intelligent c'est son imperméabilité à la fraude : les transactions de la *« blockchain »* sont enregistrées dans un registre public détenant chaque transaction avec une clé unique, mais anonyme, donc infalsifiable. C'est l'*« uberisation ultime »* selon l'économiste Philippe Herlin. Des utilisateurs d'applications comme *Airbnb* ou *Uber* peuvent également s'organiser entre eux sans avoir recours à une structure centrale.

Il faut ainsi opérer au plus vite une sorte de *« transition digitale »,* dans la mesure où selon Thierry Wickers *« Face à des acteurs extérieurs qui arrivent à satisfaire les besoins d'une grande partie des justiciables avec un service qui n'est pas de la même qualité que celui délivré par les avocats mais adapté sur le plan financier, la réglementation des activités réservées ne tiendra pas longtemps. »* [274] Or, La *« maturité numérique »* de la profession d'avocats reste très en deçà de ce qu'elle pourrait être. Si certains usages font leur apparition comme les espaces dédiés aux clients sur un extranet sécurisé où ils ont accès à leurs dossiers en cours, les services 100 % en ligne, ou encore l'utilisation des réseaux sociaux publics ou privés., les pratiques sont encore à des années-lumière de celles qui se développent aux Etats-Unis où les cabinets d'avocats ont recours à des logiciels qui utilisent les techniques du *« data mining »* ainsi qu'à des plateformes qui exploitent les ressources du *« Big data »*. Au fil des mois, l'intelligence artificielle est de plus en plus appliquée aux problématiques juridiques. Des sites internet proposent aux internautes la possibilité de générer en quelques clics des documents juridiques ou administratifs [création de statuts et modifications statutaires, formalités administratives, pactes d'associés, cession d'actions ou de parts sociales, conditions générales, dépôt de marque, contrats de travail, contrats de cession de droits d'auteur, contrats commerciaux, contrat de bail, etc.] et d'être mis en relation avec des avocats partenaires du site, le tout à des tarifs très inférieurs à ceux d'un cabinet traditionnel. Ces plateformes, qui exploitent au mieux tout le potentiel de la modélisation et de la numérisation, réussissent ainsi à satisfaire un besoin de droit auquel les avocats ne répondent pas ou mal auprès des particuliers, et notamment les créateurs d'entreprise et les très petites entreprises [TPE].

Sur le terrain de la formation, les avocats doivent répondre à de nouvelles attentes avec les MOOC

---

[274] Certains pays ont régulé leur industrie des services juridiques pour laisser la place à de nouveaux entrants, comme au Royaume-Uni par le biais des *« alternatives business structures »* et aux États-Unis, où des États étudient l'opportunité d'adopter la nouvelle profession de *« Limited License Legal Technician »* qui permet à des non-avocats de conseiller et représenter des clients.

[*« massive online open course »*] et les SPOC [*« small online private class »*] conçus sur mesure par les avocats pour former les équipes internes de leurs clients. L'adage *« Nul n'est censé ignorer la loi »*, risque de perdre son caractère irréaliste depuis que le droit est *« à portée de clic »*. A terme, le *Big Data* va même devenir une arme de guerre massive dans la gestion du contentieux. Alors qu'il touche tous les domaines de la société : des algorithmes permettent la recherche avancée sur *Internet* à l'analyse médicale des radiographies en passant par le calcul du trajet optimal par un logiciel de GPS, en ce qui concerne le domaine juridique, des évolutions comme la justice algorithmique avec ses *« analyses prédictives »* des contentieux et règlement des litiges, ou encore des projets d'Intelligence Artificielle comme *« Ross »*, [développée par IBM pour effectuer des travaux juridiques][275] voient le jour. Il en résulte de nouvelles possibilités et de nouveaux débouchés dans les systèmes d'information [SI] et pour les professions du droit : le *« Knowledge Manager »* centralise l'ensemble des savoirs détenus par les entités de l'entreprise, et les met à la disposition des salariés ; le *« Chief Digital Officer »* [contact privilégié au sein de la SI pour le département juridique] définit la stratégie digitale à adopter en identifiant les priorités, et met en place un plan d'action ; le *« Chief Data Officer »* [responsable des données] est en charge de l'identification de fournisseurs possibles de données et de l'acquisition de données ; le *« Data Protection Officer »* est en charge de la sécurité des données de l'entreprise ; le *« Data scientist »* [Data analyst] est quant à lui en charge de la gestion et de l'analyse des *« données massives »* de l'entreprise. Ces évolutions concernent toutes les

[275] *« Ross »* est ainsi capable de trier des faits et de tirer des conclusions en traitant un milliard de documents par seconde, tout en se tenant au courant des évolutions des textes de loi qui pourraient affecter l'affaire en cours.

entreprises car la question est sérieuse et les enjeux considérables de la création de bases de données, et notamment l'exhaustivité, l'accès et la sécurité de l'information, l'exactitude, l'architecture et l'organisation des données, leur mise à jour et leur conservation. Pour autant elles ne sont pas exemptes de risques, de défauts ou d'écueils, parmi lesquels une *« centralisation des données non souhaitée »,* ou encore la gestion du *« droit à la conservation de l'information ».* Dans l'état actuel des choses, de nombreuses questions demeurent en suspens : le digital, a-t-il pour impact d'augmenter le volume du contentieux [en permettant notamment à des individus de se regrouper dans des *« actions de groupe »*] ? Facilite-t-il la procédure contentieuse [outils en ligne pour déclarer des contentieux, par exemple s'agissant du greffe] ? Incite-t-il au contentieux [impact des réseaux sociaux, cybercriminalité, simulations en ligne disponibles, etc.]. Réduit-il les coûts [outils de gestion digitale mettant en avant une baisse du coût du contentieux] ? En tout état de cause, il modifie l'organisation du contentieux lorsque l'on envisage un *« pilotage manuel »* [les demandes d'informations sont alors effectuées par mail lorsque l'information est nécessaire, les échanges se font entre la personne qui a fait la demande de données et le département concerné par la demande] ou un *« pilotage interfacé »* [outil de pilotage dans lequel les demandes d'informations ainsi que le suivi du contentieux sont gérés dans un *« outil collaboratif »*].[276] Dans la gestion des

[276] Lors d'un contentieux, les entreprises utilisent indifféremment le Web pour rechercher l'information [recherche documentaire sur des sites gratuits par exemple], font appel à une source spécialisée de *« legaltech »* [start-up de droit en ligne qui proposent des solutions 100% numériques en vue de la démocratisation des procédures administratives et judiciaires. Pour se positionner, ces acteurs misent sur les technologies digitales de dématérialisation et d'automatisation] pour obtenir des éléments externes pertinents, utilisent l'information déjà collectée en interne [jurisprudence collectée par exemple] ou des sources externes pour lesquels elles disposent

risques liés aux données lors de la gestion du contentieux [données perdues, données non traçables, données non exploitables ou endommagées], le *Big data* peut aider les entreprises dans la plupart des procédures : action de groupe, contentieux banques, assurances et marchés financiers, fusion-acquisition, contentieux commerciaux [concurrence déloyale, parasitisme, atteinte à l'image, rupture de contrat, inexécution de contrat, rupture abusive des pourparlers], contentieux fiscaux ou publics [Etat, AMF, Commission Européenne], contentieux liés à l'environnement, propriété intellectuelle, contentieux pour négligence professionnelle, contentieux prud'homaux, contentieux des entreprises en difficulté, etc. Par ailleurs, une analyse statistique des clauses historiquement activées lors des contentieux est un enjeu majeur dans l'optimisation des négociations commerciales et notamment, d'une part, dans l'optique d'une *« automatisation de la rédaction des contrats »,* et d'autre part, dans l'optique d'un déplacement du rôle de conseil vers une fonction de *« pilotage »,* notamment dans le cadre de la rédaction des contrats.[277] Ainsi, nul doute que les entreprises vont connaître des évolutions importantes dans les prochaines années liées à la digitalisation et au *Big data* qui impacteront toutes les activités et notamment la gestion du contentieux. Car si la collecte et le traitement des données sont devenus essentiels, avoir une connaissance fine des risques internationaux, identifier les influences à caractères concurrentiel et connaître les conditions d'exploitation économique et juridique des données le sont tout autant. A cet égard, le droit est

---

d'un abonnement, ou font appel à un avocat pour obtenir des éléments externes pertinents à leur contentieux

[277] En parallèle avec le développement du *« Contract Management »* qui consiste à rédiger et à suivre l'application du contrat tout au long du projet par la mise en oeuvre et la coordination des moyens et processus nécessaires à la maîtrise des risques financiers et juridiques encourus.

devenu un redoutable outil de puissance : *« qu'il s'agisse des sanctions extraterritoriales ou des pressions pour l'ouverture sans contreparties des données, cette arme est maniée efficacement par de plus en plus d'Etats ».*[278]

Mais le *« Droit 2.0 »* interroge tous les juristes sur *« les enjeux éthiques »* et l'encadrement du développement de la justice prédictive. Pas moins de cinq plates-formes françaises se partagent déjà le marché des start-ups qui *« ubérisent »* le droit : *Predictice, Case Law Analytics ou Doctrine.fr* sont les généralistes, *Supra Legem* s'est concentrée sur le droit administratif et *Tyr Legal* en droit du travail. Désormais, utiliser l'intelligence artificielle permet, quand on rédige un contrat ou une clause pilote, de voir si cela peut provoquer un volume de litiges. *« [...] Si vous avez été licencié pour injure et que vous voulez faire requalifier votre licenciement sans cause réelle et sérieuse, mieux vaut dire que vous étiez un peu éméché [24 % de requalification, contre 17 % dans le cas d'une simple injure] et mieux vaut que votre entreprise soit en Bretagne, ou y habiter, ou y avoir exécuté votre travail [lieux possibles pour intenter une action en droit du travail], car vous aurez alors la plus forte indemnité. »* [279] Pour autant, alors même que l'avocat pourra avoir plus de mal à imposer des arguments novateurs ou allant à l'encontre d'une jurisprudence établie, *« Le magistrat devra se prémunir des réponses rapides, automatiques qui rassemblent sous un même étiquetage des singularités irréductibles »,* prévient Chantal Arens, première présidente de la cour d'appel de Paris. Dans la nouvelle

---

[278] Christian Harbulot, *Intelligence économique : qu'attends l'Etat pour agir ? Les Echos,* 24 avril 2017.

[279] Valerie de Senneville, *Quand les algorithmes entrent dans les prétoires, Les Echos,* 22 mars 2017. Depuis la loi pour une république numérique entrée en application au début de l'année 2017, l'article L.111-13 du Code de l'organisation judiciaire dispose notamment que *« les décisions rendues par les juridictions judiciaires sont mises à la disposition du public à titre gratuit, dans le respect de la vie privée des personnes concernées ».*

Minority Report de Philip K. Dick, grâce aux visions du futur fournies par trois individus exceptionnels doués de précognition, les agents de *Précrime* placés au coeur du ministère de la Justice captent les signes précurseurs de violences homicides en arrêtant les *« criminels »* juste avant qu'ils ne commettent leurs méfaits.[280] Entre réalité et fiction, la justice pénale devient prédictive : *« Ce sont des étapes dans l'extension progressive des qualifications pénales en matière de terrorisme, une sorte de dilatation de la responsabilité pénale qui englobe des comportements de plus en plus éloignés de l'infraction. [...] Prétendre prédire le passage à l'acte, détecter l'intention, c'est déjà une forme de déshumanisation parce que le propre de l'homme est l'indétermination : sans indétermination, on n'est plus responsable de rien ».*[281] Mais jusqu'où peut-on aller dans l'anticipation ? Pour suivre cette logique, la police devient du même coup prédictive et avec les progrès du numérique, il devient facile d'agréger dans le *Big data* une masse de données dont l'interprétation [en intégrant les techniques de profilage, ainsi que les algorithmes de prédiction] relève de la même logique d'anticipation. Ainsi, *« au lieu de partir de la cible pour trouver les données, on part des données pour trouver la cible ».*[282] Dès lors, il devient de plus en plus difficile de garantir l'exercice effectif de la démocratie quand de nombreuses décisions seront prises

---

280 Aux Etats-Unis, un système appelé *« evidence-based sentencing »* se fonde sur un algorithme pour calculer la durée de la peine d'un condamné censée minimiser son risque de récidive.

281 Mirelle Delmas-Marty, *La démocratie dans les bras de Big Brother, Le Monde,* 6 juin 2015. *« La dangerosité relève d'un pronostic sur l'avenir, voire d'un soupçon, impossible à prouver : faute de preuves de leur culpabilité, certains détenus de Guantanamo n'ont ainsi pas pu être jugés. »* Lire également du même auteur, *Liberté et sûreté dans un monde dangereux,* édit. Seuil, 2010.

282 Mirelle Delmas-Marty, *La démocratie dans les bras de Big Brother, op. cit.*

sur la base d'algorithmes difficilement compréhensibles par les individus et, qui plus est, auto-apprenants donc susceptibles de modifier leurs paramètres au fur et à mesure des circonstances ? Pour Elisabeth Grosdhomme-Lulin, *« ce scénario nous impose un investissement majeur dans la mise au point d'un cadre de régulation ad hoc, un saut qualitatif de même nature que celui qui avait conduit, dans les années 1970, à l'adoption de la loi Informatique et Liberté ».*[283] Quant à la transformation digitale, elle est une compétence à développer en priorité. Si on en revient au portrait-robot du juriste de demain, c'est donc quelqu'un au tempérament curieux, dont les quatre membres sont le legal [éthique & conformité, data privacy, lobbying/affaires publiques], le business [géopolitique, économie, finance, comptabilité], le behavorial [gestion de projet, management, communication interpersonnelle et interculturelle] et le digital [statistiques, outils IT, soft artificial intelligence *i.e.* algorithmes, arbres de décisions]. Mais gardons-nous pour autant de produire *« une couvée bâtarde de monstres ».*[284]

---

[283] Elisabeth Grosdhomme-Lulin, La transformation numérique de l'action publique : *miroir aux alouettes ou nouveau contrat social*, Revue Personnel n°568, mars – avril 2016. *« Le projet de loi pour une république numérique est sans doute un pas dans cette direction, mais encore loin du compte ; de même que les réflexions autour d'une cour des codes qui serait à l'avenir chargée d'auditer les algorithmes publics. »*
[284] Jeremy Bentham.

Conclusion

Dans la pièce de David Mamet *Race,* un différend oppose deux personnes de race différente et ce qui attise le conflit, ce n'est pas le crime [un viol d'où la similitude avec l'affaire Dominique Strauss-Kahn], c'est le fait que l'homme accusé de viol est un Blanc, et la victime une femme noire. Ici le rôle de l'avocat est de faire aimer son client par les membres du jury, suffisamment pour qu'ils l'acquittent. Il n'a pas à avoir de conviction. Et pour ce faire : *« Nous devons faire en sorte qu'ils s'aiment eux-mêmes suffisamment afin de les inciter à prendre une décision difficile. [...] Leur tendre un crochet, où ils pourront suspendre leur jugement infâme ».*[285] Et parfois il suffit d'un coup de théâtre ! Mais il ne faut jamais jouer franc-jeu, et surtout éviter de faire un lapsus. Aux Etats-Unis, plus qu'ailleurs, un procès se règle moitié au tribunal, moitié en négociant avec les avocats de la victime, voire avec le client. Aux termes de la démonstration de l'auteur, la dimension raciale d'un procès nous donne parfois l'impression que les dés sont pipés : *« Je sais que la question raciale est le sujet le plus brûlant de toute notre histoire. Et dès qu'elle se pose, il devient impossible de refermer le couvercle. Ça changera peut-être, mais pas avant de longues, longues années. Dans l'immédiat, et en attendant, les lois sont telles, que si moi, le cas échéant, ou vous, un jour, oui, même vous, pourquoi pas, s'il vous arrive d'employer un Afro-Américain, et d'avoir à décider de renvoyer cette*

---

[285] David Mamet, *Race, L'avant-scène théâtre,* n°1319, 2012. *« Avec quelqu'un de votre importance, une accusation sera forcément suivie d'une autre. Les gens sont avides de curiosité, ils sont avides d'argent, ils sont envieux et sans morale, tout comme vous et moi. Une affaire grandit, elle enfle dès qu'elle est rendue publique. Elle s'amplifie. Comme une maladie. »*

personne, elle a de quoi légalement se prétendre victime d'une discrimination. C'est un fait ».[286] En fin de compte au-delà de ce cas extrême, juger, tout le monde sait faire. En revanche, rendre raison des choses, cela demande de la méthode et de la rigueur. A propos du procès des Templiers [notamment au sujet de la mort de Jacques de Molay brûlé le 11 mars 1314 sur la place Dauphine] Bossuet a dit : *« On ne sait s'il n'y eut plus d'avarice et de vengeance dans cette exécution que de justice ».* Que de libelles diffamatoires n'a-t-on pas écrites pour justifier le *« crime »* des Templiers. Et qu'est-ce que des aveux arrachés par la torture ? Dans son verdict, Tirésias donne raison à Zeus, Héra, furieuse de voir le secret de son sexe révélé, le frappe de cécité, mais Zeus lui offre en compensation une exceptionnelle clairvoyance et une vie de sept générations. Du reste, la sentence n'est jamais un grand moment de satisfaction pour le justiciable, à quelques exceptions près selon Woody Allen : *« La seule fois où Rifkin et sa femme avaient connu un orgasme simultané, c'est au moment où le juge leur avait remis l'acte de divorce ».* Selon Ollivier Pourriol, *« le droit est par nature impuissant. Il dit ce qui devrait être. Il ne garantit pas que ce qu'il dit pourra être. En particulier en situation de guerre. Le droit n'est pas la force, et ce qui fait l'impuissance physique du droit fait également sa puissance spirituelle ».* Hegel écrit : *« Quand les hussards chargent, sabre au clair, alors les bavardages cessent ».* Et dans la pièce de Jean Genet [*Les Nègres*], quand la Cour accuse les *Nègres* d'un crime, ces derniers deviennent comédiens et offrent pour leur jugement une belle tragédie grotesque. Et pour autant l'homme ne doit jamais cesser d'affirmer sa souveraineté. Dans son livre *La Loi,* Roger Vailland pense, comme son héros Don Cesare « *qu'Athénien avant Périclès, citoyen romain à*

[286] David Mamet, *Race, L'avant-scène théâtre, op. cit.*

l'époque des guerres puniques, conventionnel en 1793, son refus de subir la loi l'eût intégré à la petite communauté de ceux qui abattent les structures périmées et ouvrent de nouvelles voies à la vie des sociétés ». [287] Alors qu'importe l'issu du jeu, la loi demeure. Il s'agit de *« rendre à l'individu sa fertilité »* selon André Malraux. Le héros de *La Chute* d'Albert Camus, Jean-Baptiste Clamence, se définit comme un juge-pénitent, une profession qui consiste à s'accuser soi-même afin de pouvoir ensuite être juge. Il confesse au fil des pages à la fois la vanité et la duplicité de son passé d'avocat avant d'admettre sa propre culpabilité et de se convaincre que tous les hommes sont coupables. Il implique peu à peu son interlocuteur et pour finir, retourne le miroir afin que chacun puisse s'accuser à son tour. Il est donc d'abord pénitent, puis devient juge et se libère. Le pouvoir réalise sa puissance, selon Foucault, lorsqu'il parvient à faire de la victime son propre bourreau. Tous coupable ! Désormais la *« police prédictive »* inquiète jusqu'aux experts qui craignent à le fois une érosion des solidarités collectives et une limitation de la présomption d'innocence *« Célébrant les progrès possibles, dans un monde fait de connexions individuelles et d'interopérabilité des systèmes, ils nous invitent à nous méfier de la dictature du Big Data. »*[288] Car pour les mégadonnées, la démocratie est même obsolète, tout comme ses valeurs universelles : *« Exit le concept de citoyen inventé par les Grecs ! Antoinette Rouvroy, chercheuse en droit de l'université de Namur, estime que ces firmes visent une gouvernementalité algorithmique. Un mode de gouvernement inédit opérant par configuration anticipative des possibles plutôt que par*

---

[287] Roger Vailland, La Loi, Edit. Gallimard, 1957.

[288] Julien Damon, *La datafication du monde, Les Echos*, 7 février 2014. Lire Viktor Mayer-Schönberger, Kenneth Cukier, *Big Data, A Revolution that will transform how we live, work and think,* édit. Houghton Miffin Harcourt, 2014.

réglementation des conduites, et ne s'adressant aux individus que par voie d'alertes provoquant des réflexes plutôt qu'en s'appuyant sur leurs capacités d'entendement et de volonté ».[289] Pour d'autres, il est déjà trop tard. Ceux qui refusent de se corriger s'en prennent à l'atavisme historique, dont se fait l'écho Thomas Mann dans *Les Tables de la Loi : « Parce que plusieurs de leurs générations avaient vécu dans un pays de transition, plantant leurs tentes entre les maisons de leurs pères et la véritable Egypte, c'étaient maintenant des âmes à la dérive, vacillant en esprit et sans doctrine assurée. Ils avaient beaucoup oublié ; ils avaient assimilé à moitié quelques pensées nouvelles ; et parce qu'ils n'avaient pas d'orientation réelle, ils ne faisaient pas confiance à leurs propres émotions. Ils ne faisaient pas même confiance à l'amertume que leur faisait éprouver leur esclavage ».* En matière de justice, nous devrions être en mesure délimiter les objectifs impossibles que nous visons. Au demeurant, les perspectives ne sont peut-être pas si sombres. *« Si l'on avait dit à Adam, le lendemain de la mort d'Abel, que dans quelques siècles il y aurait des endroits où, dans l'enceinte de quatre lieues carrées, se trouveraient réunis et amoncelés sept ou huit cent mille hommes, aurait-il cru que ces multitudes puissent jamais vivre ensemble ? Ne se serait-il pas fait une idée encore plus affreuse de ce qui s'y commet de crimes et de monstruosités ? C'est la réflexion qu'il faut faire pour se consoler des abus attachés à ces étonnantes réunions d'hommes. »*[290] En définitive, la chose parle d'elle-même : *Res ipsa loquitur.* A moins qu'il se puisse que la réalité n'existe pas du tout sinon dans les mots [langage judiciaire] dans lesquels elle se présente. Selon le philosophe, Jean-Luc Nancy, *« le*

---

[289] Marc Dugain & Christophe Labbé, *L'homme nu,* Plon / Robert Laffont, avril 2016.

[290] Chamfort, *Maximes et pensées, caractères et anecdotes*, présentés par Claude Roy, Union générale d'éditions, Paris, 1963.

droit est très important parce que le droit romain représente le sens comme articulation, cette articulation qui semble se suffire à elle-même, qui fait la fierté de Rome et qui tient par un certain nombre de soutiens religieux. Car le droit romain est religieux d'origine, il est un avatar de la religion en tant que fournisseuse de sens. Mais là où la religion fournissait ce sens dans un rapport avec une face cachée du monde, le droit n'a plus de face cachée. Au nom de quoi y-a-t-il le droit ? ». Et il ajoute aussitôt, *« le christianisme apparaît alors de toute nécessité comme le produit de l'insatisfaction de ce monde qui sait comment faire [du droit, des fortifications, des routes], mais qui n'a plus de face cachée ».*[291] Il s'agit d'un point essentiel du droit occidental, qui se maintiendra jusqu'au Code Napoléon, le droit de l'ancien régime en France étant lui-même fortement influencé par la pensée des grands jurisconsultes : *« En ce sens, le cas romain a réalisé une singularité tout à fait incontestable. Il sera le seul de tout le monde antique où la production de règles de comportement social — la création de ius au sens encore archaïque du mot — quand elle commencera à se détacher de façon plus affirmée de la sphère religieuse, ne s'intègrera pas dans le modèle de la politique et de la loi, comme en Grèce, où la présence de la législation en tant que règlement politique allait devenir très vite le signe d'une laïcisation complète de la société citadine. Elle restera au contraire dans les mains d'un cercle restreint de savants, qui construiront autour d'elle une connaissance technique et exclusive, assez vite distincte de l'expérience religieuse comme de la vie politique ».*[292] En témoigne ce passage de Cicéron, cité par Schiavone [Cicéron s'adresse au jeune Trebatius Testa, futur grand

---

[291] Jean-Luc Nancy, *Quand le sens ne fait plus monde, Revue Esprit* n°403, mars – avril 2014.
[292] Aldo Schiavone, *Ius. L'invention du droit en Occident,* Paris, Belin, 2009.

juriste] : « *Tu t'es moqué de moi hier, entre deux coupes, parce que j'avais dit que la possibilité pour un héritier d'engager à bon droit une poursuite pour vol, si un vol avait été commis avant l'ouverture de la succession, était un point controversé. Aussi, quoique rentré tard chez moi et ayant passablement bu, j'ai voulu retrouver le chapitre [caput] où figure cette controverse et t'adresse copie du texte, pour que tu saches que Sextus Aelius, Manius Manilus et Marcus Brutus ont soutenu l'opinion qui, à ce que tu disais, n'avait été soutenue par personne. Pour ma part, cependant, je suis d'accord avec Scaevola et Testa* ». Ainsi, « *Le dieu Terme se dresse en gardien à l'entrée du monde. Autolimitation : telle est la condition d'entrée. Rien ne se réalise sans se réaliser comme un être déterminé. L'espèce dans sa plénitude s'incarnant dans une individualité unique serait un miracle absolu, une suppression arbitraire de toutes les lois et de tous les principes de la réalité. Ce serait en fait la fin du monde.* »[293] En dernière analyse, selon Jean-Luc Nancy « *l'Alliance est plus importante que la Loi, car elle n'est pas menacée par la mort de Dieu. L'Alliance signifie ce qui va devenir, dans le christianisme, le pardon des péchés. Or le péché est une chose absolument inédite, complètement solidaire de la subjectivité, elle-même solidaire de la rupture complète de l'ordre dont on parle. Parce qu'il n'y a plus d'ordre, j'ai un moi. Augustin était vraiment nécessaire après Jean et Paul, pour faire le christianisme. Parce qu'il dit que l'homme est devenu un sujet qui a en lui, par lui-même, un rapport à infiniment plus et autre que lui* ».[294] Dont acte. Dans la pièce d'Heinrich Kleist, *Le Prince de Hombourg,* il semble même aux yeux du héros que la Loi n'a rien d'absolu et

---

[293] Ludwig Feuerbach, *Contribution à la critique de la philosophie de Hegel,* 1839.

[294] Jean-Luc Nancy, *Quand le sens ne fait plus monde, op. cit.*

que c'est un homme qui la module à son gré. Le Grand Électeur laisse au Prince Frédéric de Hombourg le choix de sa sentence, il s'arrange pour lui faire refuser sa grâce de son plein gré, afin de lui faire endosser la responsabilité de sa condamnation *[« Qu'il agisse comme il en a le droit, il m'appartient, à moi, d'agir comme je dois ! »* ou encore *« S'il peut estimer que le verdict est injuste, je casse le jugement : il est libre ! »*]. Tout au long, de la pièce la notion de Loi [son intemporalité] lui est étrangère. Et quand le héros ouvre les yeux sur les raisons de sa disgrâce, *« on sort alors du tragique, où les exigences de la Loi sont inconciliables avec celles de l'individu, pour entrer dans le drame, genre ouvert aux marchandages et aux compromis de la vie réelle ». [...] Dans la débandade intérieure dont ses attitudes et ses paroles donnent le triste spectacle, la déréliction n'est pas du tout compensée par la conviction de son bon droit ».*[295] Et c'est seulement en recouvrant sa liberté, que le héros se soumet à la Loi et vice et versa.

En définitive, il s'agirait de rétablir un *« droit authentique »,* celui-ci se définissant comme un droit objectif, extérieur aux individus et visant à établir l'équité au sein d'une relation entre une pluralité de personnes, voire de redéfinir une *« essence du droit »,* opposable à certaines formes contemporaines du droit positif, une sorte de droit naturel ou une approche morale du droit, qui vise à montrer les limites du droit positif, en insistant sur la nécessité d'introduire en son sein autre chose que le droit, pour le rendre plus légitime. Le sociologue français Émile Durkheim évoque l'âme populaire comme source des corps de coutumes juridiques, formes premières du droit, que l'Etat peut bien codifier plus tard, mais qu'il ne crée pas. L'historien du droit Michel Villey défend quant à lui

---

[295] Michel Corvin, *Préface, Le Prince de Hombourg de Kleist*, Edit. Gallimard, 2014.

le droit naturel des Anciens contre un droit naturel moderne, essentiellement subjectif, qui transforme le droit en une qualité dont les individus seraient propriétaires au seul motif de leur existence. Dans *La Nature et la Loi*, il assure qu'il n'est de droit juste que celui qui est pensé et appliqué dans un système étudiant les cas particuliers garantissant les libertés individuelles, d'où sa critique de cette notion-culte de notre époque que sont les droits fondamentaux. [296] Il s'agit d'une conception résolument antimoderne du droit, puisée aux Grecs, aux Romains et à saint Thomas, selon laquelle le droit n'est pas une propriété d'un homme isolé mais un rapport entre plusieurs personnes. Il en résulte une critique radicale de la notion de *« droits de l'homme »,* qui ne sont rien d'autre selon lui qu'une *« promesse vide ».* Ce sont des *« faux droits, impossibles et qu'un tribunal aurait tort d'attribuer »,* car le droit est ce qu'on peut revendiquer devant les tribunaux. Et Pierre-Yves Quiviger montre que ce qui importe le plus dans le *« droit authentique »,* ce n'est pas tant le contenu normatif que la méthode : *« le droit n'énonce pas des règles ou des normes morales, mais vise à donner à chacun ce qui lui revient [suum cuique tribuere]. Pas plus que le droit ne se réduit à la loi [le fait], le jusnaturalisme ne se confond donc avec la morale [la valeur], car si la morale existe, elle n'a pas besoin de porter un autre nom ».* Le professeur de philosophie ajoute même que *« la justice particulière est toujours la propriété d'un certain état, qu'il n'y a fondamentalement de droit que de biens extérieurs et dans un groupe social défini »*, et ainsi de conclure que *« ce qui porte aujourd'hui le nom de droit n'est pas toujours du*

---

[296] Michel Villey, *La Nature et la Loi*, Edit. du Cerf, juin 2014. *« Je crois qu'il y a une confusion entre les aspirations de [...] chaque homme, par exemple ses aspirations à la culture, au travail, aux loisirs, à la santé, à la vie, et le droit proprement dit. Parler de droit au travail dans un pays qui compte des millions de chômeurs ne signifie rien, c'est du verbiage pur ».*

droit ». [297] Dans la tragédie grecque, les poètes utilisaient le vocabulaire du droit en jouant délibérément de ses incertitudes, de ses flottements, de son inachèvement : *« imprécision des termes, glissements de sens, incohérences et oppositions qui révèlent des discordances au sein de la pensée juridique elle-même, qui traduisent également ses conflits avec une tradition religieuse, une réflexion morale dont le droit est déjà distinct mais dont les domaines ne sont pas clairement délimités par rapport au sien »*, écrit Pierre Vidal- Naquet.[298] Le droit n'est jamais fixé, il se déplace et se transforme en son contraire. Et si la tragédie est tout autre chose qu'un débat juridique, elle prend néanmoins pour objet l'homme vivant lui-même ce débat, *« contraint de faire un choix décisif, d'orienter son action dans un univers de valeurs ambiguës, où rien jamais n'est stable ni univoque ».*[299] Etudié étroitement en lui-même par les juristes, l'Homme est une *« chose minime, et même rapetissante »*, écrit Teilhard de Chardin, *« son individualité trop marquée masquant à nos regards la Totalité, notre esprit se trouve incliné, en le considérant, à morceler la Nature, et à oublier de celle-ci les liaisons profondes et les horizons démesurés ».*[300] La vie a ainsi quelque chose d'un accident *« qui s'est fait des lois », écrit* Paul Valéry. A moins que le droit ne devienne *« codé »* dans une forme d'harmonisation universelle de l'Intelligence Artificielle, d'autant que prenant l'exemple de la voiture autonome, il faudra sans doute *« tous conduire comme en Californie : les codeurs ne feront pas*

---

[297] Pierre-Yves Quiviger, *Le secret du droit naturel ou Après Villey*, Edit. Classiques Garnier, janv. 2013

[298] J.-P. Vernant. P. Vidal-Naquet, *Mythe et tragédie en Grèce ancienne,* Paris 1972, Maspéro, Coll. La Découverte.

[299] J.-P. Vernant. P. Vidal-Naquet, *Mythe et tragédie en Grèce ancienne, op. cit.*

[300] Pierre Teilhard de Chardin, *Le phénomène humain*, Edit. du Seuil, 1955.

36 000 codes ». [301] Selon Hervé Juvin, *« The Law est aussi une industrie » !* Or, *« la globalisation financière, technique et marchande, qui fixe l'objectif d'aligner la norme et les lois partout dans le monde pour soumettre les peuples et les Etats à l'intérêt du capital nomade, entre directement en conflit avec le principe de souveraineté des nations et avec la démocratie ».*[302]

Mais c'est un jeu très dangereux créateur de dépendance et notamment numérique vis-à-vis des GAFA [*Google, Apple, Facebook et Amazon*] ! A terme, le recours au *Big data* et aux algorithmes de l'IE pourrait concourir selon Stéphane Larrière *« à la réalisation d'un imperceptible phénomène d'altération du syllogisme juridique »,* et contribuer *« à affaiblir non seulement le raisonnement juridique lui-même, mais aussi ce qui valide la véracité conclusive d'une décision judiciaire dans une société organisée tout à la fois autour de l'Etat de droit mais aussi de l'état du droit. Ainsi, il pourrait s'ensuivre un affaiblissement de la valeur du droit lui-même en tant que norme organisatrice des rapports sociaux ».*[303] En tout état de cause, *« le remplacement d'une orthodoxie par une autre n'est pas nécessairement un progrès. Le*

---

[301] Gaëlle Marraud des Grottes, *Objets connectés, drones, robots : à nouveaux objets, nouvelles responsabilités ?* Revue Lamy Droit Civil, 31 janv ; 2017.

[302] Hervé Juvin, *Sanctions américaines : la guerre du droit*, Revue Le Débat n°194, mars-avril 2017. *« C'est pourquoi il devient légitime de parler d'un coup d'Etat réalisé par le droit, les droits de l'homme et le formalisme juridique, contre la liberté politique […] ».*

[303] Stéphane Larrière, *Big data : la fin du syllogisme juridique ?* 24 janvier 2017 / http://laloidesparties.fr/author/thelawyer1 *« Car le jeu de la mise en balance, opère en dehors de toute rationalité causale qui permet de lier les événements à leur cause et de valider en droit la conclusion par le raisonnement. Dès lors, mettre en balance les arguments du droit revient à abandonner la causalité nécessaire au développement du syllogisme juridique, au profit d'une manifestation de l'évidence qui repose sur le constat avéré de la donnée ou de l'indice. C'est laisser s'apprécier, ou plutôt se déprécier, le droit en vertu de la règle res ipsa loquitur [les faits parlent d'eux-mêmes] qui laisse, par-delà la Loi, le fait faire justice sur la foi de l'apparence. »*

véritable ennemi, c'est l'esprit réduit à l'état de gramophone, et cela reste vrai que l'on soit d'accord ou non avec le disque qui passe à un certain moment ».[304] Il n'empêche que désormais les juristes ou les avocats qui veulent se réserver le droit, *« c'est comme les mathématiciens qui voudraient se réserver les additions ».* Ce juriste qui se faisait seule *« bouche du droit »*, comme le décrivait Montesquieu, est un juriste d'un autre temps.[305] Ils ne sont plus les *« gardiens du temple »,* dans le mesure où la réalité et surtout l'utilité de leur expertise s'inscrivent dans une conception nouvelle. Désormais, le pouvoir n'est plus dans le savoir, mais dans la capacité à partager ce savoir dans une combinaison à forte valeur ajoutée : le complexe et le nouveau.

---

[304] Georges Orwell.
[305] Stéphane Larrière, *Legaltech : legal disruption ou ère nouvelle du juriste ?* 12 novembre 2016 / http://laloidesparties.fr/

Citations & Aphorismes [sur le droit]

« Suum cuique tribuere [rendre à chacun le sien]
Jus est ars boni et aequi [le droit est l'art du bien et du juste].
[Le Digeste]

Dieu et mon droit est la devise de la monarchie britannique.

Avant une plaidoirie, l'avocat doit « s'armer » de patience.

« Advocatus erat, sed non latro, res mirabilis populo. Il était avocat, mais pas voleur, chose admirable pour les gens ».
[A propos de Saint Yves, le saint patron de toutes les professions de justice et de droit, notamment celle d'avocat]

Plaidoirie d'avocat : *« Rien de ce qui va suivre n'est jamais arrivé. Tout ce qui va suivre est entièrement vrai ».*[306]

A défaut de prudence, il y a la jurisprudence.

« Vous réclamez une peine lourde, Monsieur l'avocat général, il va nous falloir voir si elle est juste. »
[Maître Henri Leclerc]

« Mais Mesdames et Messieurs les jurés, ne vous fiez pas aux apparences. Juger sur les apparences, c'est se faire le bourreau ! Juger en fonction de l'attitude qu'il a

[306] Sur une idée de Stephen Fry.

manifesté, ce serait oublier de juger. [...] L'aveu, c'est au contraire le fil d'Ariane de l'erreur judiciaire, c'est sa fusée porteuse ! »
[Maître Paul Lombard]

« Ah ! l'abjection ! Ah ! comme il m'a fait plaisir celui qui m'a envoyé l'abjection dans la figure ! Je suis la voix de l'abjection. Et j'en suis fier parce qu'en vérité votre ligne de démarcation n'existe pas. Vous êtes véritablement la France, toute le France. Et c'est en son nom que vous allez juger [...]. »
[Maître Jacques Trémolet]

« Il faut que les jurés aient envie de prendre le Ricard avec vous, pas le champagne. »
[Maître Eric Dupond-Moretti]

« Non, non, il ne faut pas espérer de la clémence d'un autre. Si la clémence est dans la justice, elle doit être d'abord dans vos consciences. »
[Maître Jacques Isorni]

« L'Histoire qui, par définition, se révise, et plus souvent que ne sont révisés les arrêts de justice, a sa place dans les colloques, les amphithéâtres et les publications plus que dans les prétoires. »
[Maître Jean-Marc Varaut]

« Nous ne vivons pas un exorcisme. Nous participons à un procès qui a ses règles de procédure et ses règles de droit. »
[Maître François-Xavier Charvet]

« Maître Henri Llacer vous a dit habilement qu'il importait peu que le terrain soit favorable, dès lors que le

lien de causalité était certain. Mais allez-vous vous autoriser à sonder les cœurs, pour savoir ce qui fait commettre le geste fatal à un homme ? [...] Il n'y a rien de pire qu'un exemple en matière judiciaire. L'exemple, c'est une manière de condamner quelqu'un non pour les fautes qu'il a commises, mais pour que les autres le voient... ».
[Maître Jean-Yves Le Borgne]

« Le loup ressemble à un roi qui ferait marcher ses juristes avec ses armées. »
[Alain]

En tout état de cause, il vaut mieux être obscur par brièveté que [...].

« [...] le semblant nous domine, non l'authentique le vrai le fait. »
[Thomas Bernhard]

Immigration : droit du sol, droit du sang... droit dans ses bottes.

Détention de la vérité, mais alors en « détention provisoire » !

« Rêver d'une sécurité parfaite, ce serait oublier l'avertissement satirique de Kant, qui avait ouvert son Projet de paix perpétuelle sur l'enseigne d'une aubergiste évoquant la paix éternelle des cimetières, la seule durable. »
[Mireille Delmas-Marty]

« La vérité ? [soupire Aristide Briand]. *Qui donc a dit que c'est un mensonge qui dure ? ».*
[André Maurois]

« Y a –t-il des lois autres que statistiques ? Que le hasard ait ses lois, c'est encore une loi ».
[Edouard Le Roy]

« Je ne mérite pas de défendre la religion mais vous ne méritez pas de défendre l'erreur et l'injustice. Que Dieu par sa miséricorde, n'ayant pas égard au bien qui est en moi, et ayant égard au bien qui est en vous, nous fasse à tous la grâce que la vérité ne succombe pas entre mes mains... ». Ou encore : *Je ne crois que les histoires dont les témoins se feraient égorger ».*
[Pascal]

« Les hommes sont comme des chiffres. Ils n'acquièrent de valeur que par leur position ». Ou encore : *« Il n'y a qu'un secret pour mener le monde, c'est d'être fort, parce qu'il n'y a dans la force ni erreur ni illusion : c'est le vrai mis à nu ».*
[Napoléon]

« L'histoire du monde est le tribunal du monde. »
[Hegel]

« Agir comme si quelque chose qui peut-être ne sera pas devrait être. » [Kant]

« Les questions sont un fardeau pour les autres, les réponses une prison pour soi-même / Questions are a burden to others, answers a prison to oneself. »
[Le Prisonnier]

« La justice ? - Tu auras la justice dans l'autre monde, dans ce monde tu as la loi. »
[William Gaddis]

« Les faits font tous partie seulement du problème et non de la solution. » [Ludwig Wittgenstein]

« La miséricorde surpasse la justice. »
[Geoffrey Chaucer]

« Nous avons l'art pour ne pas mourir de la vérité. »
[Nietzsche]

« Les chaînes de l'homme torturé sont faites en papier de ministère [...] J'ai un mandat, mais personne ne me l'a donné. »
[Kafka]

« Celui qui sauve sa patrie ne viole aucune loi. »
[Napoléon]

« Malheur au vague, mieux vaut le faux. »
[Renan]

« L'ignorance est l'ignorance, aucun droit de croire ne peut en être déduit. »
[Freud]

« La preuve est une politesse élémentaire. »
[Paul Valéry]

« J'y crois, premièrement parce que je suis évêque d'Autun, et ensuite, parce que je n'y entends absolument rien [réponse de Talleyrand à qui on demande pourquoi il croyait à la Bible]. »
[Talleyrand]

« Père, ne leur pardonne pas, car ils savent ce qu'ils font. »
[Jankélévitch]

« Il n'y a point de droit naturel : ce mot n'est qu'une antique niaiserie... Avant la loi, il n'y de naturel que la force du lion, ou le besoin de l'être qui a faim, qui a froid [...]. »
[Stendhal]

« Passant, va dire à Sparte que nous sommes morts pour la défense de ses lois. »
[Inscription des Thermopyles]

« Il n'est pas question de justice, de ce qui est juste et ne l'est pas. La loi recherche l'ordre, Mademoiselle Bast. L'ordre ! »
[William Gaddis]

« Il y a toujours un peu de violence dans les preuves, enfin une pensée d'ordre et de domination. L'esprit juridique, tout chargé de choses jugées, corrompt peut-être tous ceux qui n'ont pas appris de l'amour la véritable méthode de penser. »
[Alain]

« Connaître en droit et connaître en fait, c'est du pareil au même puisqu'entre deux, nulle altérité n'a le droit de s'immiscer. Le droit fait comme s'il était le fait. »
[Pascal Jérôme]

« Si on veut fonder en droit la supériorité de l'intérêt général, il convient sans doute d'accepter de revenir à une conception holiste [du grec ancien holos signifiant la

totalité, l'entier] sinon spirituelle de la société, ce qui rencontrera vraisemblablement peu d'assentiment. »
[Claude Lefort]

« Dans la mesure où nous vivons côte à côte, les violations de la loi à un endroit de la planète se ressentent partout ailleurs. »
[Emmanuel Kant].

Silent enim leges inter arma [En temps de guerre, les lois se taisent].
[Cicéron]

« [...] Le monde est certes pauvre en expérience, mais pis encore, du peu d'expérience qu'il reste, la mieux partagée est celle du mal. »
[Nicolas Léger]

Dormiunt aliquanto leges, nunquam moriuntur [Les lois dorment souvent, mais ne meurent jamais].

« Smoking gun », le document fatal du cinéma hollywoodien, en référence à un objet ou un fait qui sert de preuve concluante d'un crime ou un acte similaire, juste avant d'être pris en flagrant délit.

« Que vaut mon geste quand je le sens étranger à mon intention, que vaut mon intention quand je la sens étrangère à moi-même. »
[Althusser]

Donner et retenir ne vaut.

« Qui objectera que le citoyen d'un pays démocratique participe, par l'élection, à l'élaboration des lois – et a

donc prise sur le monde dans lequel il vit – se verra objecter que le grand nombre réduit à rien la participation individuelle ; et que, de plus, les lois aujourd'hui consistent le plus souvent à s'adapter aux contraintes nées de l'activité sociale elle-même, à l'échelle planétaire. L'individu n'est sans doute pas plus démuni qu'autrefois. Mais il ne l'est pas moins, et cela suffit à nourrir une amertume en regard des promesses. Amertume d'autant plus grande, encore une fois, que l'individu avait une sorte de créance sur la société, à laquelle il n'est censé avoir aliéné une partie de sa liberté native qu'à la condition que ladite société concourrait à son bonheur. De là, quand le bonheur fait défaut, la tentation de mettre la société en accusation, de se revendiquer comme victime, et de réclamer réparation. »
[Olivier Rey]

« Je suis ici pour accuser, non pour me défendre ! »
[Karl Liebknecht]

« Défendre sa cause et non sa personne, assurer soi-même sa défense politique, attaquer le régime accusateur, s'adresser aux masses par-dessus la tête du juge. »
[Lénine]

« Il faut éclairer l'histoire par les lois, et les lois par l'histoire. »
[Montesquieu]

« La vérité qui siège dans les tribunaux n'est pas la vérité nue, mais la vérité en toge. »
[Bertrand Russell]

« Rejoindre une parole close par la poussée de tous ceux qui ne la parlent pas, c'est afficher le mouvement même d'un choix, sinon soutenir ce choix. »
[Roland Barthes]

« L'homme a en commun avec Dieu et l'Etat de causer des effets sans être lui-même l'effet d'une cause. »
[Alain Supiot]

« Celui qui sait qu'il prie tandis qu'il prie, la prière n'est pas parfaite. »
[St Thomas]

« Quoi ? contre ma partie on voit tout à la fois
L'honneur, la probité, la pudeur, et les lois ;
On publie en tous lieux l'équité de ma cause ;
Sur la foi de mon droit mon âme se repose :
Cependant je me vois trompé par le succès ;
J'ai pour moi la justice, et je perds mon procès ! »
[Molière]

« Messieurs les Jurés, le problème qui vous est posé est simple. Ce n'est pas de savoir si Noiret a tué... Non... Le seul problème est : Qu'est-ce que Noiret ? Pourquoi Noiret ?... Je vais essayer de le résoudre en une demi-heure, pas une minute de plus, cela pour permettre à Monsieur le Troisième Juré, qui est si intelligent et qui par ses questions a tant fait progresser les débats, de prendre, comme il en a exprimé le désir, le train de 4 heures 45... Donc qu'est-ce que Noiret ? ».
[Léon Bérard]

« Sur la terre, la misère c'est la loi. Mais c'est à toi de la régler comme il se doit. »
[Léo Ferré]

« Un Dieu qui viendrait sur la terre n'y devrait faire que l'injustice, le divin ne serait pas de prendre sur soi la punition mais la faute. »
[Nietzsche]

« [...] capables de crime, mais point chargé de crimes. »
[Marguerite Yourcenar]

« Toujours le problème de savoir s'il faut laisser faire les hommes, les lois fragiles entre les hommes ou provoquer, diriger, contraindre. »
[Louis Althusser]

« Juger, c'est de toute évidence ne pas comprendre, puisque si l'on comprenait on ne pourrait plus juger. »
[André Malraux]

« Quand on s'émancipait trop à ses soupers de Potsdam, Frédéric II disait : Messieurs, j'entends le roi qui vient. »
[Althusser]

« Il faut être sobre de nouveautés en matière de législation. »
[Portalis]

« [...] si vous sortez du vieux Codex... bigre ! bougre !... Où que vous allez ? Assises ?... 10ème Chambre ?... Buchenwald ? Sibérie ?... Merci ! »
[Louis-Ferdinand Céline]

« Le chômage quotidien a enlevé aux jours fériés leur caractère d'éclatante exception. »
[Paul Morand]

« Nous avons en France plus de lois que n'en a le reste du monde tout entier. »
[Michel de Montaigne]

« La justice est la première vertu des institutions sociales comme la vérité est celle des systèmes de pensée. »
[John Rawls]

« Comme le démontrent les turbulences que subissent les plus grandes économies de la planète depuis 2008, la question du maintien de la maximisation de l'intérêt des actionnaires en tant qu'objectif ultime de toute décision économique mérite d'être à nouveau posée. »
[Ivan Tchotourian]

« [...] les hommes torchent les lois, les dames s'occupent du sérieux : l'Opinion ! »
[Louis-Ferdinand Céline]

« Il est vrai que, par une bizarrerie qui vient plutôt de la nature que de l'esprit des hommes, il est quelques fois nécessaires de changer certaines lois. Mais le cas est rare et, lorsqu'il arrive, il n'y faut toucher que d'une main tremblante. Quelles que soient les lois, il faut les suivre, et les regarder comme la conscience publique à laquelle celle des particuliers doit se conformer toujours ».
[Montesquieu]

« Nécessaire car la croissance des flux d'investissements n'est pas compatible avec un traitement des litiges par un dispositif privé et opaque. L'augmentation prévisible des différends, leur complexité et les montants en jeu rendent indispensable une véritable justice internationale de l'investissement. »
[Matthias Fekl]

« Imaginons trois enfants et une flûte. Anne affirme que la flûte lui revient parce qu'elle est la seule qui sache en jouer ; Bob parce qu'il est pauvre au point de n'avoir aucun jouet ; Carla parce qu'elle a passé des mois à la fabriquer. Comment trancher entre ces trois revendications, toutes aussi légitimes ? Aucune institution, aucune procédure ne nous aidera à résoudre ce différent d'une manière qui serait universellement acceptée comme juste. »
[Amartya Sen]

« Qu'est-ce que 10.000 avocats enchaînés au fond de la mer ? - Un bon début. [...] Rien d'étonnant à cela dans une nation de juristes. Les avocats forment l'élite du pays [Barack Obama en est] et la source d'innombrables plaisanteries. Les procès sont omniprésents dans les films américains, et font même l'objet d'une chaîne de télévision [truTV, reçue par 90 millions de foyers]. »
[Jean-Marc Vittori]

« Ma vraie gloire n'est pas d'avoir gagné quarante batailles ; Waterloo effacera le souvenir de tant de victoires ; ce que rien n'effacera, ce qui vivra éternellement, c'est mon Code civil »
[Napoléon]

« Alceste : Qui je veux ? La raison, mon bon droit, l'équité.
Philinte : Aucun juge par vous ne sera visité ?
Alceste : Non. Est-ce que ma cause est injuste ou douteuse ? [...]
Alceste : J'aurai le plaisir de perdre mon procès.
Philinte : Mais enfin...
Alceste : Je verrai, dans cette plaiderie,

Si les hommes auront assez d'effronterie,
Seront assez méchants, scélérats et pervers,
Pour me faire injustice aux yeux de l'univers.
Philinte : Quel homme !
Alceste : Je voudrois, m'en coûtât-il grand'chose
Pour la beauté du fait avoir perdu ma cause. »
[Molière]

« Insistant sur le fait que les Chinois ne subissent volontiers aucune contrainte, même simplement dogmatique, je me bornerai à caractériser l'esprit des mœurs chinoises par la formule : ni Dieu, ni Loi. »
[Marcel Granet]

« Je ne crois que les histoires dont les témoins se feraient égorger. »
[Pascal]

« A examiner de près un de ces défauts de la vie, j'ai pu me convaincre récemment que, loin de répondre à l'idée qu'on se fait en général d'un risque naturel – verglas, crevasse – il présentait tous les caractères d'un piège. Je veux dire qu'il semble avoir présidé à sa fabrication et à sa mise en place une ingéniosité et une sûreté qui dépassent en partie mon entendement jusqu'à nouvel ordre et qui, par cela même, devaient rendre ma chute inévitable. »
[André Breton]

« À l'heure numérique, les droits fondamentaux ne changent pas. La manière de les exercer et de les protéger, oui. »
[Thibaut De Jaegher]

« Les abus inévitables sont des lois dans la nature. » Ou encore : *« Pour se soustraire à la force, on a été obligé de se soumettre à la justice. La justice ou la force, il a fallu opter entre ces deux maîtres : tant nous étions peu faits pour être libres. »*
[Vauvenargues]

« [...] C'est selon l'époque. Il y a cinquante ans, si vous aviez été blanc. Dans le même cas. Pour les mêmes faits. Vous auriez été innocent. » [...] Savez-vous ce qu'il vous est possible de dire à un Noir, sur la question raciale ? Rien. Exactement. »
[David Mamet]

« Dans la justice, l'on se sent obéir aux lois extérieures, aux convenances, et quelque peu machinal. Au lieu qu'il fallait ici se sentir exister. »
[Jean Paulhan]

« Je n'ai jamais déjeuné avec une personne morale. »
[L. Duguit]

« L'ubérisation, si l'on est un justiciable, c'est un peu comme si je vous disais : vous pouvez télécharger le Vidal. Vous pourrez vous prescrire à vous-même les médicaments permettant de traiter votre maladie. Alors c'est vrai que l'aspirine guérit toujours la fièvre mais cela ne traite pas toujours la maladie que vous avez. »
[Jean Castelain]

En règle générale les bourreaux font moins de dépression que leurs victimes car ils sont persuadés de leur bon droit.

« Calvin demande à Hobbes s'il a de l'argent. Face à la réponse négative de son tigre, Calvin s'interroge : qui penses-tu que nous pourrions poursuivre en justice ? »
[Luc-Marie Augagneur]

« Que voyons-nous en effet de part et d'autre ? Ici, l'innocence avec toutes les apparences de la culpabilité ; là, la culpabilité avec toutes celles de l'innocence ; qui ne voit qu'il ne s'agit de la même chose ? »
[Jacques Rivette]

« Celui qui vit dans des démocraties stables dont la liberté et la sécurité sont garanties, paraît chercher la façon dont il pourrait enfin être victime de quelque chose. »
[Gérald Bronner]

« Les faits ! Les faits ! Mon cher monsieur, les faits sont tels qu'on les interprète ; et alors, dans l'esprit, ce ne sont plus des faits : c'est de la vie qui apparaît, sous tel ou tel aspect. Les faits, c'est le passé, une fois que l'âme a cédé – vous le disiez vous-même – et que la vie les a abandonnés. Voilà pourquoi je ne crois pas aux faits. »
[Luigi Pirandello]

« Le détecteur peut signifier que la personne dit sa vérité, même si ce n'est pas la vérité. Quelle que soit la méthode, elle ne change pas la capacité d'adhésion d'un sujet à ce qu'il croit avoir vu. Il n'y a pas de vérité neurale. »
[Hervé Chneiweiss]

« Jacques Rigaut s'est voulu sans source, façonnant sa mort dès l'abord de la vie. La guerre de 14 le rend à la vie plus vidé qu'une douille ; il fait alors du droit pour meubler le temps. »
[Laurent Cirelli]

« Estimez-vous que les poursuites contre Maurice Barrès soient fondées ? Oui, parce qu'elles sont injustes. Il n'y a rien de plus encourageant que les injustices. »
[Jacques Rigaut]

« Les glaces sont faites pour rappeler à chacun son identité. Cette prison, chacun la nomme à sa façon et se taille une évasion sur mesure – pour sa commodité. La prison la plus authentique. »
[Jacques Rigaut]

« [...] Expulser une vielle femme de son logement parce qu'elle ne peut pas payer son loyer n'est pas un crime. Mais c'est sûrement un péché. D'autre part, voler une miche de pain à un riche boulanger pour nourrir une famille affamée est évidemment un crime. Mais est-ce un péché ? »
[Trevanian]

« Remplacer les lois existantes par des lois qui n'existeraient pas. »
[Jules Renard]

Ça se pourrait. Les avocats aiment le conditionnel. »
[Terry Bisson]

« Il y avait
Qu'une voix demandait d'être crue, et toujours
Elle se retournait contre soi et toujours
Faisait de se tarir sa grandeur et sa preuve. »
[Yves Bonnefoy]

« La justice doit être attachée aux règles ; autrement elle est inégale dans sa conduite ; elle doit connaître le vrai et

le faux dans les faits qu'on lui expose ; autrement elle est aveugle dans son application ; enfin elle doit se relâcher quelquefois et donner quelque lieu à l'indulgence ; autrement elle est excessive et insupportable dans ses rigueurs. »
[Bossuet]

« Pire qu'un jugement de cassation, aucun recours n'est admis. »
[Erri de Luca]

« S'il est un pays où la parole de Pilate : Qu'est-ce que la vérité ? s'avère juste, c'est bien l'Alsace. Il n'est pas d'affirmation que l'on n'y puisse aussitôt renverser : le contraire est toujours vrai en Alsace ! a dit un philosophe. »
[Frédéric Hoffet]

« On ne peut pas poursuivre en justice le genre humain. »
[Neil Gershenfeld]

« Au lieu de tant faire du droit, faites un peu de philosophie, lisez Rabelais, Montaigne, Horace ou quelque autre gaillard qui ait vu la vie sous un jour plus tranquille, et apprenez une bonne fois pour toutes qu'il ne faut pas demander des oranges aux pommiers, du soleil à la France, de l'amour à la femme, du bonheur à la vie. »
[Gustave Flaubert]

« J'étais sur la pente d'être avocat. Cette rature me sauve. Je renonce aux triomphes du barreau. Je ne défendrai point la veuve et je n'attaquerai point l'orphelin. Plus de toge, plus de stage. Voilà ma radiation obtenue. C'est à vous que je la dois, monsieur

Pontmercy. J'entends vous faire solennellement une visite de remercîments. »
[Victor Hugo]

« Où donc était la Loi avant que Moïse, secrétaire puis facteur de Dieu, la rédige sur les tables de pierre ? »
[Paul Soriano]

« Confessons la vérité : qui trierait de l'armée, même légitime et moyenne, ceux qui y marchent par le seul zèle d'une affection religieuse, et encore ceux qui regardent seulement la protection des lois de leur pays ou service du prince, il n'en saurait bâtir une compagnie de gendarmes complète. »
[Montaigne, Essais, II 12, Apologie de Raimond Sebond]

« [...] Et le concept de fair-play est totalement étranger à la mentalité des Français ; un peuple qui a produit des générations d'aristocrates, mais pas un seul gentleman ; une culture où le droit remplace la justice ; une langue où l'unique mot pour désigner le fair-play est emprunté à l'anglais. »
[Trevanian]

« Ne mens jamais si tu peux t'en tirer en racontant des conneries. »
[Eric Ambler]

« Et l'on est en droit de se demander ce qui peut bien rester de la notion même de nomos lorsque se perd ainsi ce que Schmitt appelait le fondement premier de nature tellurique où tout droit plonge ses racines ».
[Peter Szendy]

« Les lois inutiles affaiblissent les lois nécessaires. »
[Montesquieu]

« […] Si seulement vous essayez de ne pas énoncer l'inénonçable, alors rien ne se perd. Mais l'inénonçable sera – inénonçablement – contenu dans ce qui aura été énoncé. »
[Ludwig Wittgenstein]

« Nietzsche repérait le triomphe du nihilisme dans le fait que l'humanité ne retenait plus que les valeurs qui jugent. »
[Michaël Foessel]

« Combat des voraces contre les coriaces, mais les voraces ont complètement mangé et dévoré les coriaces. »
[Alfred Jarry]

« L'étude du droit est un moyen de savoir à quoi rêvent les hommes à un moment donné. »
[Alain Supiot]

« Considérant l'étroitesse de mon esprit, j'ai renoncé à explorer les profondeurs de la Loi pour noter et collecter les petits faits […] On pourra dire que j'ai saisi des nuages, que j'ai capturé du vent. »
[Kamo No Chömei]

« Je voulais vieillir. Je voulais devenir quelqu'un de très âgé, je réclamais trois mille ans d'histoire européenne à incarner selon la recommandation de Goethe aux élites cultivées de son époque. »
[Peter Sloterdijk]

« Les choses enseignées, comme le vin, avaient rendu les gens ivres. Ils ne savaient pas comment utiliser de façon sobre ce qu'on leur avait enseigné. »
[Ludwig Wittgenstein]

« En tout cas je ferai mon droit, je me ferai recevoir avocat, même docteur, pour fainéantiser un an de plus. »
[Gustave Flaubert]

« Tout sujet au journal télévisé de 20 heures fait un projet de loi. »
[Guy Carcassonne]

« La loi permet ou elle défend, elle ordonne, elle établit, elle punit ou elle récompense. »
[Portalis]

« L'Etat le plus raisonnable, l'Etat de droit, porte la cicatrice de la violence originelle des tyrans faiseurs d'histoire. »
[Paul Ricoeur]

« Deux vérités judiciaires, donc, mais pas de vérité tout court. »
[Cyril Laucci]

« Déclarer qu'un accusé n'est pas coupable ne veut pas nécessairement dire que la chambre constate son innocence. »
[Jugement de la Cour pénale internationale du 18 décembre 2012]

« Dans le monde, il n'existe pas de causes, seulement des effets. »
[Erri de Luca]

« Ce n'est pas à coups de lois successives qu'on réduira le chômage. Les 8.000 articles du Code du travail ne sont pas les Dix Commandements de la société française ! »
[Robert Badinter]

« Il n'y a rien de si difficile à harnacher qu'un peuple qui a secoué son bât. »
[Napoléon]

« Pour qu'on ne puisse abuser du pouvoir, il faut que, par la disposition des choses, le pouvoir arrête le pouvoir. »
[Montesquieu]

« L'effet 11-Septembre, cette métamorphose de la justice pénale, de la culpabilité à la dangerosité, ne s'est pas limité au terrorisme. La riposte américaine a levé un tabou, celui de l'Etat de droit, soumis à des principes fondamentaux et à des droits indérogeables. »
[Mireille Delmas-Marty]

« La première arme de pillage, c'est la loi, le droit américain par exemple. »
[Jean-Jacques Urvoas]

« Les Etats-Unis se sont imposés comme le tribunal économique du monde. »
[Daniel Soulez-Larivière]

« Un verdict n'est pas toujours une conclusion, déclara Poirot. »
[Agatha Christie]

« C'est un trait caractéristique des révolutions que cette facilité et cette hardiesse des partis à jeter loin d'eux leurs raisonnements, et à saisir les arguments de leurs adversaires, comme on voyait, sur les bords du Scamandre, les héros grecs et phrygiens échanger leurs armes et recommencer le combat. »
[Benjamin Constant]

« Fiat justitia, et pereat mundus. »
[Ferdinand Ier]

« Ne luttez pas pour votre vérité [puisque vous pouvez d'ores et déjà être certain qu'elle n'en est pas une], en espérant que les autres en useront de même avec la leur. »
[Paul Veyne]

« Credo qui absurdum. »
[Tertullien]

« Une police sans contact avec le crime serait impuissante. »
[Jean-Yves Girard]

« Mieux vaut une injustice qu'un désordre. »
[Goethe]

« Quel protecteur vais-je implorer, quand le juste est à peine sûr ? Quem patronum rogaturus, cum vix justus sit securus ? »
[Dies iræ]

« Si vous n'avez pas les moyens d'avoir un avocat, vous n'êtes pas dans une démocratie ».
[Charley Moore]

« Don't cut the corners, les Américains font la loi et toute le banque doit s'y soumettre. »
[Hervé Juvin]

Si duo faciunt idem, non est idem [le même acte fait par deux personnes différentes n'est pas le même dans les deux cas].

« Il y a un droit de nécessité qui brise le fer, encore bien plus un contrat. »
[Adolf von Harnack]

« I have one client. It's the law. »
[Neil Gorsuch, désigné par Donald Trump pour siéger à la Cour suprême]

« Post hoc, ergo propter hoc. Après ça, donc à cause de ça. Ou encore : Cum hoc ergo propter hoc, la corrélation n'implique pas la causalité. »
[Sophisme qui consiste à prendre pour la cause ce qui n'est qu'un antécédent]

« Les balances de la justice trébuchent ; et pourtant l'on dit : raide comme la justice. La justice serait-elle ivre ? »
[Alfred Jarry]

« Les subtilités du droit ne sont pas le droit. »
[Proverbe latin]

« Doctor, lawyer, merchant, chief. Is law the profession for you ? Choosing a profession is a little like choosing a wife. »
[Ferdinand F. Stone]

« Si vous voulez atteindre quelque chose de la guerre d'Espagne, mieux vaut relire Les Grands cimetières sous la lune, de Bernanos, que les plaidoiries de Jacques Charpentier. »
[François Sureau]

« Ne demandez pas aux docteurs de la loi de simplifier la loi, ils ne feront que la rendre plus complexe ! »
[Axiome]

[...] Où l'implacable juge venait, dans les éclats déchirants des trompettes, purifier par le feu la sanie du monde. »
[Huysmans]

« La justice est une erreur millénaire qui veut que l'on ait attribué à une administration le nom d'une vertu. »
[Serge Fuster]

« L'accusé n'a qu'un vocabulaire de trente à trente-cinq mots. Le président, l'avocat général, le procureur ont, pour s'exprimer, des milliers de mots. [...] Tout accusé disposant d'un vocabulaire de deux mille mots serait sorti à peu près indemne de ce procès. Si, en plus, il avait été doué du don de parole et d'un peu d'art de récit, il serait acquitté. Malgré les aveux. »
[Jean Giono à propos de l'affaire Gaston Dominici]

« Je pense que nous appartenons à une génération qui a grandi avec son propre sentiment de justice. Pour nous, la justice n'est pas un recueil de codes et de lois, c'est un sentiment. C'est exactement le premier sentiment qui surgit dans la conscience d'un gamin, d'un petit garçon. La première opposition, la première objection d'un enfant à ses parents c'est : Ce n'est pas juste. Il ne dit pas

d'abord : Ce n'est pas bon, Ce n'est pas beau, il dit : Ce n'est pas juste. »
[Erri De Luca]

« Souvent, la foule trahit le peuple. »
[Victor Hugo]

« [...] Qu'un juriste qui est seulement juriste est une pauvre chose. »
[Luther]

TABLE DES MATIERES

L'HARMATTAN ITALIA
Via Degli Artisti 15; 10124 Torino
harmattan.italia@gmail.com

L'HARMATTAN HONGRIE
Könyvesbolt ; Kossuth L. u. 14-16
1053 Budapest

L'HARMATTAN KINSHASA
185, avenue Nyangwe
Commune de Lingwala
Kinshasa, R.D. Congo
(00243) 998697603 ou (00243) 999229662

L'HARMATTAN CONGO
67, av. E. P. Lumumba
Bât. – Congo Pharmacie (Bib. Nat.)
BP2874 Brazzaville
harmattan.congo@yahoo.fr

L'HARMATTAN GUINÉE
Almamya Rue KA 028, en face
du restaurant Le Cèdre
OKB agency BP 3470 Conakry
(00224) 657 20 85 08 / 664 28 91 96
harmattanguinee@yahoo.fr

L'HARMATTAN MALI
Rue 73, Porte 536, Niamakoro,
Cité Unicef, Bamako
Tél. 00 (223) 20205724 / +(223) 76378082
poudiougopaul@yahoo.fr
pp.harmattan@gmail.com

L'HARMATTAN CAMEROUN
TSINGA/FECAFOOT
BP 11486 Yaoundé
699198028/675441949
harmattancam@yahoo.com

L'HARMATTAN CÔTE D'IVOIRE
Résidence Karl / cité des arts
Abidjan-Cocody 03 BP 1588 Abidjan 03
(00225) 05 77 87 31
etien_nda@yahoo.fr

L'HARMATTAN BURKINA
Penou Achille Some
Ouagadougou
(+226) 70 26 88 27

L'HARMATTAN SÉNÉGAL
10 VDN en face Mermoz, après le pont de Fann
BP 45034 Dakar Fann
33 825 98 58 / 33 860 9858
senharmattan@gmail.com / senlibraire@gmail.com
www.harmattansenegal.com

www.ingramcontent.com/pod-product-compliance
Lightning Source LLC
LaVergne TN
LVHW010936061026
849535LV00007B/2428